Grâce Primordiale

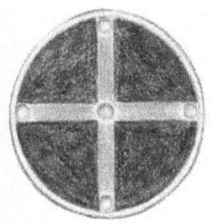

Également de Robert et Rachel Olds

Luminous Heart of the Earth :
A Survival Guide for Original Heart

Luminous Heart of Inner Radiance :
Drawings of the Tögal Visions

Water Drawn Before Sunrise :
A Journey of Return

Distance Becomes Sky

Avertissement des traducteurs

Nous, les traducteurs de l'édition française, ne sommes pas des traducteurs professionnels. Nous avons œuvré, bénévolement, avec notre enthousiasme et avec notre expérience du chemin, pour rendre ce livre accessible en français et pour rester aussi fidèles que possible au style des auteurs. Pour autant, nous sommes conscients que malgré nos efforts minitieux, il est possible que certains passages puissent paraître obscurs au lecteur. Par conséquent nous souhaitons présenter nos excuses pour toute erreur, manque de clarté ou manque de fluidité qui pourraient être présentes dans la présente traduction. Et nous encourageons ceux qui sont confortables avec l'anglais à lire le livre dans sa version originale.

GRÂCE PRIMORDIALE

Terre

Cœur Originel

Et la

Voie Visionnaire de la Radiance

ROBERT & RACHEL OLDS

HEART SEED PRESS

Toutes les pratiques issues de ce livre furent expérimentées par les auteurs sauf mention contraire. Les lecteurs pratiquent à leur propre risque toute information ou conseil que le livre peut contenir, et ils devraient étudier avec attention et clairement comprendre ce dont il s'agit avant de mettre en pratique. Toute personne utilisant ce livre est personnellement responsable de son chemin spirituel. Personne ne devrait pratique la voie visionnaire de la radiance sans être d'abord capable d'expérimenter clairement le cœur originel. Les auteurs et éditeurs n'assument aucune responsabilité pour toute blessure ou perte subie en connexion avec l'usage de ce livre.

Copyright © 2014 par Robert & Rachel Olds

Tous droits réservés. Aucune partie de ce livre ne doit être reproduite, distribuée ou transmise sous quelque forme et par n'importe quel moyen sans le consentement écrit de l'éditeur. Des extraits de ce texte ont été précédemment publiés dans *Luminous Heart of the Earth, Luminous Heart of Inner Radiance,* et *Water Drawn Before Sunrise* des mêmes auteurs.

Heart Seed Press
www.acircleisdrawn.org
email : robert.rachel@acircleisdrawn.org

ISBN 978-0-578-72051-7
Illustrations copyright © Robert & Rachel Olds
Livre réalisé par Robert & Rachel Olds
Traduction française : Pierre Lançon
et Jean-Noël Choplain (juin 2020)

Dédié à tous les peuples de la Terre et à tous ceux qui choisissent de revenir à une vie en union avec notre Première Mère.

grâce primordiale

au-delà de toute langue ou culture,

pur potentiel, intention dont la réflexion

se manifeste en tant que monde naturel,

émergeant en sphères concentriques d'influence,

lignes courbes au sein d'un espace indéfini,

goutte de rosée tombant à la surface d'une mare

Nous honorons avec gratitude tous nos guides, chacun et chaque chose, vaste manifestation de cette merveilleuse vision en laquelle nous nous trouvons, et le chemin de la grâce primordiale, union de la vision que nous appelons cette vie, cœur originel, avec les visions transcendantes de la radiance. Amis, plantes, animaux, famille, Terre, ciel, feu, eau, air, et espace, tous recèlent de précieux enseignements prêts à être dévoilés et révélés pour qui est ouvert et réceptif. Nous vous remercions tous du plus profond de notre cœur.

Sommaire

Seuil 1

    Revenir de la chute 5
    Trahison divine 8

1re PARTIE

Terre et Cœur Originel

Intention de l'Essence 19

    Essence 21
    Radiance 22

Ouverture de la Terre 27

    Répondre 30
    Permettre 31
    Dévotion 32
    Humilité 34

Abandonner 37

> L'assise de la Terre 40
> Perception directe 43
> La vision grand-angle 45
> La marche de la Terre 47
> Attendre les animaux 49
> Bons lieux et mauvais lieux 52
> Un lieu de cœur 54
> La marche avec les yeux bandés 56
> Chercher son cœur 58
> Rompre avec les habitudes 60
> S'asseoir la nuit 63
> La mort 65
> Simplifier sa vie 67
> Renoncement 69
> Donner 71

Ouvrir son cœur 77

> Le royaume du cœur 78
> Le royaume de l'intellect 80
> Plénitude du cœur et pleine conscience 86
> Entrer de nouveau dans le cœur 88
> Abandonner le connaisseur 91
> Le courage 94
> L'intention dans notre cœur 95
> Le choix 97

Persévérance et abandon 99
S'en remettre à notre cœur 100
Corps de Lumière 102
Rêver 104
Les signes 106
Quête de vision 108
S'asseoir dans un lieu maléfique 110
Le Charnier 113

Le chemin spirituel 117

Le rôle du guide 118
La volonté de changer 121
La peur 124
Les expériences méditatives 126
La certitude 129
Le pouvoir 130
Les concepts d'éveil 132
La Nature 134
L'illumination 136
La nuit 138
Franchir le col 140
L'union 141
Le déclin 143

Cœur originel Nature originelle 147

Les quatre reconnaissances 150

Ouverture 152
Transcendance 153
Présence spontanée 154
Unicité 158
Cœur originel 162
La pratique du cœur originel 164
Les trois ciels 168
Le ciel de notre cœur 170
Relation 172
Différencier 174
Refuge de Terre 182

2ème PARTIE

La Voie Visionnaire de la Radiance

Joie primordiale 199

Radiance intérieure 203
Demande sacrée 205
Couleurs 208
Les Lampes cœur et les Voies 214
La Lampe cœur de la Graine du Cœur 215
La Lampe cœur du Canal de Lumière 216
La lampe cœur des yeux 217
La voie des postures 221
La voie de la respiration 225
La voie du cœur 226
La voie des champs extérieurs 229

La voie des champs intérieurs 234
La pratique du regard post effondrement 242
Guide pour la radiance 249
La lampe cœur de l'espace pur 251
La lampe cœur des sphères de lumière 252
La lampe cœur du cœur originel 255
Les quatre actions 257

Le Cycle des Quatre Visions 263

La Première Vision 266
La Deuxième Vision 272
La Troisième Vision 278
La Quatrième Vision 283
Le Retour 291
Repères sur le chemin 293

Une graine pour un nouveau départ 303

Glossaire 309

Illustrations

Deux biches cercle de vie
Construction d'un refuge de Terre 186
Extérieur d'un refuge de Terre 189

Vision de radiance, détail 198
Mandala des cinq sphères 209
Les trois postures 221, 222, 223
Voiles d'anneaux qui n'est pas le champ 237
Champ visionnaire authentique 239
Structure d'une hutte de contemplation 245
Cercles et continuum de lumière 254
Vision de radiance 261
L'union 290
Graine du commencement 307

Seuil

La grâce primordiale, grande perfection totalement tressée avec la trame du vivant, offre constamment un chemin vers soi, notre maison, en et par la radiance naturelle de l'origine elle-même. Les pratiques qui ouvrent à cette plénitude sacrée ont émergé de l'expérience directe de la nature sauvage, bien longtemps avant que les humains ne se détournent de la Terre et ne créent des structures de séparation. Nous souhaitons encourager la reconnexion avec les racines originelles de ce chemin primordial et ramener ces pratiques à la Terre, leur demeure naturelle. En particulier en ces temps de grands bouleversements provoqués par l'insistance humaine à rester séparés du monde naturel, nous devons faire un choix différent en embrassant les enseignements qui sont tout autour de nous et qui se manifestent naturellement comme la vision qu'est cette vie, en abandonnant la séparation, en se reconnectant à la Terre, et en reconnaissant l'intention rayonnante au cœur de tout vivant comme notre chemin du retour à soi, à notre maison.

Le retour à l'origine fait partie de la perfection naturelle fondamentale de l'expérience humaine, une perfection acceptée et comprise par les chasseurs-cueilleurs originels comme le mode d'être de toute chose. Le cœur de la voie de la grâce primordiale est à la racine d'une expérience profondément indigène, naturelle pour le cœur humain et pour la Terre, tressée avec la trame du vivant. C'est la perspective ultime du chemin, au-delà de tout concept et doctrine, en continuité avec l'intention de l'essence.

Nous avons vu au cours de nos neuf années de retraite que d'autres pratiquants autour de nous abordaient le chemin du point de vue plus limité de l'esprit et des concepts nés de la séparation d'avec la Terre, et avaient des difficultés avec leur pratique. Nous avons alors commencé à considérer comment nous pourrions partager notre expérience afin de pouvoir les aider. Se plaçant du point de vue ultime de la voie, nous avons regardé notre vie et les choix que nous avons faits tout au long de celle-ci. Le chemin spirituel n'est pas séparé de la vie. Nous avons sélectionné les événements qui se sont révélés être pour nous cruciaux et qui nous ont facilité le chemin là où tant d'autres pratiquants rencontrent des difficultés. Dans nos mémoires, *Water Drawn Before Sunrise*, nous avons relaté des événements et des choix qui ont reflété non seulement notre expérience spirituelle mais aussi comment nous avons lutté contre les lourds concepts de la croyance, du pouvoir et de la séparation qui éclipsent la radiance naturelle de l'être. Et en écrivant à

Seuil

partir de notre expérience directe, nous avons développé une façon de parler du chemin hors des limitations inhérentes aux doctrines et cultures qui ont perturbé l'évolution spirituelle depuis que nous nous sommes collectivement éloignés de la Terre.

Ce livre est un guide sur le chemin primordial déjà révélé dans le cœur de chacun et qui nous ramène vers l'origine. La première partie est une version revue et enrichie de notre livre précédent *Luminous Heart of the Earth : A Survival Guide for Original Heart*, auquel nous avons ajouté une deuxième partie : le manuel pratique de la voie visionnaire de la radiance.

Si l'on sait à quoi ressemble le paysage en amont du sentier, on peut y arriver mieux préparé que si l'on est induit en erreur par des conceptions erronées et des rumeurs. En ayant une vision d'ensemble du chemin de notre propre pratique, nous serons plus à même de respecter les qualités de la Terre et du cœur en nous-mêmes et tout autour de nous, ce qui non seulement nous aidera dans notre pratique mais contribuera aussi à la guérison du vivant de notre temps.

Nous offrons ce livre comme un texte source d'espoir, pour réactualiser le chemin naturel vers l'unité grâce au cœur originel, à la Terre, et aux visions de la radiance, à une époque où l'humanité persiste dans une obscurité sans précédent la conduisant vers son extinction. Il y a une graine prête à germer dans les ruines de cet âge, et au sein même de cette graine réside l'énergie de vivre et de grandir, pour établir de nouveau la connexion naturelle avec la grâce primordiale.

Si nos mots résonnent en votre cœur, mettez-les en pratique, apprenez à vivre avec notre Première Mère, pas seulement au niveau physique, mais en la ressentant au travers de tout votre être. Ceci est un manuel de survie et une prière pour l'âge à venir, une prière pour la conscience lumineuse cœur originel de toute vie.

Alors que notre époque actuelle approche de son terme, et que notre planète mère est sur le point de vivre des crises aux proportions inimaginables, il y a une nécessité urgente pour les humains à de nouveau comprendre et sentir à partir de leur cœur et à fusionner avec l'ordre naturel du vivant. En tant qu'espèce, nous devons réaliser clairement où nous en sommes, reconnaître nos choix destructeurs et désastreux et la distance que nous devons parcourir pour nous libérer des structures que nous avons construites pour nous couper de la perfection innée de l'univers naturel. Il est de notre responsabilité de démanteler les structures complexes sous-jacents à cet exil de la Terre que nous nous sommes imposés et de rejoindre le flot naturel de la vie. Le futur de tout le cercle sacré de la vie pourrait bien dépendre de notre volonté à revenir. Aucune partie n'est jamais véritablement séparée du tout. Nous n'avons jamais été seuls. L'univers est grâce, prêt à nous accueillir dans notre propre maison.

Seuil

Revenir de la chute

Notre Terre connaît une période d'extinction massive à cause d'un mensonge fondamental, le terrible mensonge sur lequel nous apposons chaque jour du vernis. Plus nous détruisons la Terre, plus nous polissons, vernissons et exagérons le mensonge, moins nous le remettons en question. Nous avons constamment entretenu ce mensonge depuis que nous avons décidé d'oublier notre Terre Mère, empruntant l'absurde voie d'un esprit se détournant de la connexion du cœur avec le vivant.

Ayant tout reçu, n'ayant besoin de rien, nos ancêtres s'éloignèrent de ce que la Terre offre généreusement dans une vie en union avec elle, se coupant de celle-ci et se considérant comme spéciaux, uniques, et au-dessus de toute création. Au sein de la nature fluide et permissive de la Terre, les humains profitant de cette liberté inhérente, raisonnèrent en termes de pouvoir et prirent une décision sombre et malfaisante. En se séparant du flot naturel de toute chose, ils activèrent un pouvoir complètement étranger au vivant : le mensonge était né. L'esprit mit un voile sur le cœur et la réalité. La raison créa sa propre vérité et outrepassa la nature ouverte et accueillante de la Terre. Et en coupant volontairement leurs sens de l'expérience directe du cœur originel, nos ancêtres se fourvoyèrent dans le mensonge de l'esprit et dans le cycle trompeur de l'illusion.

Comprendre la motivation qui les amena à cela serait difficile si elle n'appartenait qu'à un passé lointain. Mais cette décision de croire le mensonge demeure en nous, à chaque instant de notre vie. Le cœur originel, souffle au cœur de l'essence du vivant, est tout autour de nous et en nous, et à chaque instant nous avons toujours le choix d'être avec notre Terre Mère ou de se détourner d'elle pour vivre dans le mensonge. Alors même que notre Terre est actuellement en péril à cause de notre mensonge, nous nous accrochons à lui, croyant en notre grandeur, pensant que la technologie résoudra les problèmes que nous avons créés. Notre arrogance grandit avec le mensonge. Nous nous révélons dans toute notre splendeur, nous cachant derrière notre magnificence afin de ne pas voir le mensonge et le voyage de l'évolution vers l'aliénation socio-psychotique dominant et détruisant toute vie.

Le mensonge est renouvelé à chaque fois que nous nous soumettons à notre condition actuelle, à chaque fois que nous croyons qu'il n'y a pas d'autre choix que de continuer le mensonge. Nous nous sommes coupés presque entièrement de la mort engendrée par le mensonge. Nous nous en lavons les mains et nous nous donnons bonne conscience en arrêtant d'utiliser des sacs plastiques, en recyclant ou en isolant notre maison, mais depuis la chute, le sang sur nos mains se renouvelle d'instant en instant avec le mensonge.

Pour autant, même en cette heure finale, il existe à tout moment une possibilité de revenir à un mode d'être sans séparation. Ce retour n'est pas un simple retour physique à une vie naturelle. C'est revenir vers notre cœur et, se détournant du mensonge, vivre à nouveau réunis dans l'ouverture du cœur originel au sein de tout ce qui se manifeste naturellement.

Seuil

Revenir de la chute nous ramène à notre lien avec l'intention de l'essence s'exprimant comme la radiance de ce monde. Avec la vie sur notre Planète Mère menacée d'extinction, il ne pourrait pas y avoir de plus grande prière pour elle que ce retour au cœur originel, une ouverture fluide immergée dans le flot fertile de toute manifestation, une sagesse du cœur capable de permettre et d'être avec le déploiement du monde. Un instant authentique de cette expérience vaut plus que d'innombrables vies empoisonnées par le mensonge. La réunion avec le cœur originel et l'essence du vivant est fraîcheur, bonté, bénédiction et grâce, tellement simple et omniprésente. Mais il nous est d'abord nécessaire d'abandonner le mensonge et de reconnaître notre droit à revenir à une qualité d'être authentique, notre droit au développement spirituel et à la maturité spirituelle.

Trahison divine

L'évolution du cheminement spirituel l'a conduit à s'enfermer dans les concepts et les doctrines. Eveil, réalisation, libération, accomplissement sont maintenant des concepts de l'esprit. Il n'y a pas de noms pour désigner l'expérience naturelle et fusionnelle de l'unicité. Il n'y a pas de lois ou de règles au-delà de l'expérience qui embrasse ce qui émerge naturellement, une ouverture s'étendant jusqu'à l'unicité, un amour qui ne peut pas être limité ou régi par la manipulation humaine, un amour divin s'exprimant comme la danse de ce glorieux univers, de cette glorieuse Terre.

L'évolution spirituelle est un processus vivant, ce n'est pas un acte ésotérique accompli par des élites religieuses pas plus qu'il n'est réalisable uniquement au travers de leur autorité. Il n'y a pas besoin d'intermédiaires pour rencontrer directement le fond de l'être dans notre propre expérience. Le retour à l'origine est une maturation spirituelle aussi naturelle qu'une plante grandit, s'épanouit, fructifie et sème une graine, et de même que la plante et la graine sont inhérentes l'une à l'autre, la réalisation spirituelle est tressée avec la trame du vivant.

Nous sommes tous ici en cette vie pour grandir. Chaque cœur porte la braise, la graine vivante de l'accomplissement de ce processus dynamique de transformation, un accomplissement naturel pour nous et pour toute vie, embrassant tous les vivants, généreux et ouvert. La portée de ce « droit de naissance » dépasse de loin les mots et les mythes construits autour de l'éveil par les structures religieuses, qui ont contribué à déprécier les interactions de cœur entre humains en renforçant les schémas consolidateurs du pouvoir et de la richesse de la classe dominante.

Les cultures fondées sur la hiérarchie et l'exploitation, mensonges nés de la séparation, doivent limiter la possibilité de ceux qui sont exploités à vivre des expériences authentiques afin de pouvoir les contrôler. Notre droit de naissance fut jadis un aspect naturel de la vie ; une expérience vécue dans le cœur, devenue aujourd'hui quasiment oubliée. La souffrance que nous vivons est une conséquence directe de cette perte causée par les cultures dominantes, de cet oubli imposé de notre connexion avec la trame du vivant.

La trahison divine consiste à accepter notre valeur spirituelle. Nous avons le même droit intrinsèque à l'expérience directe du développement spirituel que nous avons à la justice économique, sociale et environnementale. Ces sujets ne sont pas séparés. Les inégalités sont maintenues par les mêmes mythes. Ni ceux qui établissent les règles, chefs d'État, banquiers, prêtres, lamas, PDG ni les lois rationnelles que sont la science et la technologie ne sont divins. Ils ont simplement usurpé ce pouvoir et se le sont approprié. La trahison divine a lieu lorsque l'on reconnaît que le cœur humain a une capacité naturelle à fusionner avec la Source, le Tout, quel que soit le nom qu'on lui donne, et que chacun peut revenir chez soi, en un cœur fusionnel avec l'essence du vivant, et en se soutenant les uns et les autres dans ce chemin du retour. Cet être imparfait que les sociétés dominantes appellent la nature humaine n'est pas notre véritable visage. C'est le vrai visage de la mentalité du dominant, avec toute la cruauté qui va avec. Nous regardons dans leurs miroirs et voyons ce qu'ils veulent que nous voyions. Regardez profondément en votre cœur véritable et voyez ce que vous êtes vraiment et ce que vous pouvez être, un avec la trame du vivant, naturellement bon et généreux dans ce lien de parenté qui nous unit à toute vie.

Pour expérimenter cette divine union, il est nécessaire pour chacun d'entre nous de revenir à une vie menée par et en la partie la plus profonde de notre cœur. Nous devons abandonner la domination interne de notre propre esprit tout autant que les dominations extérieures. Lorsque nous laissons notre esprit diriger notre cœur nous nous exposons à devenir esclave d'autres forces. Se libérer de cela demande une forte de dose de responsabilité individuelle, de courage et de détermination afin de persévérer face aux cultures extrêmement perverties et sans cœur qui nous entourent, mais cela reste possible, même aujourd'hui en cette heure finale, individuellement et collectivement.

Une folie s'est emparée de l'humanité, un mal qui grandit depuis près de dix mille ans. Cette folie, ce mal est la domination de l'esprit rationnel sur le cœur. Nous ne faisons plus confiance à la sagesse intuitive sans mots du fond de notre cœur, si différente de la rationalité linéaire, et nous devons penser pour comprendre. Nous devons penser comment nous nous sentons, nous devons penser comment nous décidons. Nous pensons nos émotions, notre compassion, notre amour bienveillant. Nous pensons notre expérience spirituelle et notre méditation. Nous pensons même que nous venons de notre cœur. Dominés par notre esprit, nous pensons l'expérience de notre vie entière et créons volontairement un monde fondé sur des dominants et des dominés.

Les sociétés fondées sur la domination demandent que 99% de la population au sein d'une culture donnée permettent de se faire dominer. Nous pouvons peut-être penser que nous sommes contraints à cela, ou nous pouvons nier l'étendue de notre exploitation et les mécanismes qui la soutiennent, mais les systèmes qui exploitent ne peuvent pas fonctionner sans notre soumission. Celle-ci est rendue possible du fait des conditionnements culturels qui placent l'esprit au-dessus du cœur et qui utilisent les concepts, les lois et les préceptes pour étouffer l'empathie naturelle qui voit, entend, et sent clairement la souffrance imposée au plus grand nombre au nom d'une minorité, d'un pouvoir politique, économique ou religieux. Sans la sagesse innée et les perceptions du cœur pour guider l'esprit, nous sommes littéralement déconnectés. Nous perdons la connexion avec notre sens de la réalité et devenons très vulnérables à l'exploitation au travers des peurs et des fabrications.

La peur est le mécanisme de base grâce auquel les cultures dominantes peuvent fonctionner. La peur est au départ souvent provoquée par la force physique et la cruauté, mais la peur la plus importante réside au sein de l'esprit de chacun d'entre nous, au travers des concepts et des illusions maintenant la prédominance de l'esprit, nous isolant de l'intérieur et nourrissant les peurs et les hiérarchies qui sont les mensonges de la séparation.

Primordial Grace

Lorsque nous vivons dans la peur, nous nous accrochons au leurre de la sécurité et de la protection que les dominants nous promettent, et ce même au prix de notre liberté. Nous devenons effrayés par tout ce qui est hors des termes de l'ordre établi, l'inhabituel, l'inattendu, le différent ou le chaos. Nous nous coupons de notre propre authenticité, de notre propre pouvoir intérieur, parfois imprévisible, susceptible de nous faire sortir à chaque instant de notre prétendue zone de sécurité. Lorsque nous vivons dans la peur, tout ce que nous pouvons faire est de pointer le doigt du reproche et du jugement, renforçant la norme qui nous sépare de notre cœur et de celui des autres et qui maintient les murs de la prison de notre protection illusoire.

Le cœur originel, naturellement libre, naturellement un avec la trame du vivant, n'a pas peur. En chaque cœur humain, peu importe l'épaisseur de ses voiles, il existe un appel à une véritable révolution du cœur, un appel radical à rétablir le cœur originel dans l'expérience humaine et à réincarner une compassion et une bienveillance authentiques nées de l'expérience directe, ce lien de parenté qui nous relie à toute vie si familier des peuples premiers. Cette empathie intuitive, expression fluide et naturelle d'un cœur en union avec un autre, est très différente des types de comportements issus de fabrications mentales développées par les structures sociales et religieuses dominantes cherchant à maintenir le mensonge ; ces mêmes structures conçues pour transformer les individus, les animaux, les plantes et la Terre en objets d'exploitation pour le bien de la classe dirigeante dont le but est de rendre ceux qui sont exploités complices des limitations de leur propre sort.

L'appel du cœur est pour une ré-vision du futur sur un mode égalitaire et circulaire, ce qui nécessite de se souvenir de la façon dont les humains pourraient vivre et ont vécu pendant des centaines de milliers d'années avant l'apparition des cultures désastreuses fondées sur un système hiérarchique descendant. C'est un appel à se souvenir qui nous sommes et pouvons être en tant qu'espèce, à revendiquer notre place au sein de cette entière vision sacrée que nous appelons vie. Nous savons comment y parvenir. Nous avons été conditionnés pendant des générations à accepter la séparation de la soi-disant condition humaine, mais à l'intérieur de chacun d'entre nous réside une connexion naturelle avec l'unicité du vivant, prêt à s'exprimer en d'innombrables actes de pure reliance.

Nous pouvons nous rappeler nous-mêmes au cercle de la vie. Maintenant le temps est venu du retour au cœur originel, un avec la Terre, et avec la Terre comme guide, le retour à la Source, trame du vivant se manifestant comme la danse des myriades de formes de beauté de notre Terre. C'est un appel à se libérer de tous les aspects d'une vie esclave de l'esprit et de ses lignées de domination. Avec le courage d'un cœur sans séparation, devenez un avec le fond de l'être grâce à l'expérience directe, grâce au cœur et avec le cœur de tous, une vie-chemin spirituel en complète fusion avec cette Terre, en complète immersion au sein de cette danse divine.

Le retour à l'origine, expérience naturelle fusionnelle de l'unicité, est le retour chez soi radiance primordiale de ce monde, le retour chez soi radiance naturelle de chaque cœur, libre des structures corruptives de la domination qui nous sépare de nous-mêmes, des autres et de la Terre. La Terre est la base sur laquelle notre vie et notre pratique spirituelle peuvent évoluer. Revenir dans notre maison, la Terre, en complète fusion avec la trame du vivant, marchant courageusement sur ce chemin avec comme guide notre Première Mère.

1ère PARTIE

Terre et Cœur Originel

Intention de l'Essence

L'air de ce début de printemps était doux et brillant. Les parties ombragées portaient encore le froid de l'hiver, mais la lumière du soleil matinal répandait une chaleur bienfaisante sur nos épaules alors que nous demeurions sur le bord herbeux d'une ancienne piste forestière tracée sur le flanc de la montagne. L'énorme et vieil arbousier enraciné dans la pente à proximité était encore abondamment chargé de brillantes baies rouges, mais ses feuilles vertes habituellement luisantes étaient en train de se faner ; la vieille garde se mouraient. Nous contemplions par-delà l'étroite vallée escarpée qui avait été notre cloître pendant huit ans. Le flanc de la montagne se raidissait fortement en dessous de nous, et au travers d'un espace entre les grands troncs gris de Douglas, nous pouvions voir la rivière scintillant dans la lumière du matin et les voitures roulant sur la grande route suivant les méandres de la rivière sur l'autre rive. Nous écoutions le grondement familier de la lourde machinerie de la carrière de pierres lorsqu'un camion-benne apparut dans notre champ de vision loin au-dessous ; tel un lent scarabée ou un camion jouet il rampait sur le sol irrégulier de la carrière de gravier.

Les montagnes accidentées qui enserraient étroitement cette vallée étaient encore couvertes de neige, mais les saules le long de la rivière commençaient à accélérer le rythme avec une pointe de vert dans leurs bourgeons naissant.

La nuit précédente, nous avions parachevé la voie primordiale de la radiance. Après de nombreuses années d'intense pratique et d'encore plus nombreuses années d'abandon, nous avions atteint le retour ultime, le point de l'origine, le début et la fin. Maintenant nous demeurions sur cette vieille piste forestière dans la chaleur du soleil en ce début de printemps, immergés dans ces premiers instants de notre retour. Nous étions pleins d'une grande joie, une joie omnipénétrante, inséparable de l'unicité au cœur du chemin. La lumière matinale, la rivière, la vallée, les arbres, les nouvelles tiges d'herbe verte et les pousses de fleurs sauvages sortant au travers des feuilles sèches de l'année précédente, la puissance des sons brutaux et explosifs du concasseur de pierres de la carrière et du freinage des camions sur la grande route au-dessous se propageaient dans l'air doux du printemps si plein d'une vie qui se réveille, tendre beauté de la radiance entrelacée avec les cris du monde de la séparation, aveugle à la grâce éclatante du cœur de l'origine l'entourant à chaque instant.

Essence

L'essence primordiale est au-delà de tous les aspects de ce monde, au-delà de toutes les croyances, de tous les points de vue et de toute expérience. C'est une intelligence lumineuse qui comprend qu'elle ne peut être définie, une pureté primordiale d'intention au-delà d'une vacuité, spacieuse au-delà des concepts d'espace, une potentialité absolue, ni tangible ni intangible, et pour autant se manifestant partout.

L'intention de cette potentialité absolue au-delà de toute connaissance jaillit telle la couronne d'une étoile dont le centre, profondeur bleu nuit, s'embrase en radiance, donnant naissance de façon continuelle et spontanée à la trame manifeste de la structure du vivant. Cette potentialité et cette radiance de l'essence sont tous deux présents en toute chose et en chacun, même en le plus petit insecte.

Radiance

La radiance irradiant de l'essence, expression dynamique spontanée rayonnant continument en myriades d'aspects est grande compassion. Cette radiance, compassion, n'est pas aléatoire ; elle est une manifestation directe de l'essence, une intention que tous les vivants reviennent à l'origine. Cette intention particulière de compassion créée la totalité de la vision du monde en lequel nous nous trouvons et commence avec la lumière, continuité spontanée de l'essence et de sa radiance. Cette lumière se transforme alors en myriades de couleurs d'arc-en-ciel et en d'innombrables cercles ou sphères d'existence, libres et indéfinies, mais formant le continuum de toute la manifestation en tant que couleur, forme et lumière. L'esprit conçoit et étiquette, changeant et réorganisant la perception de ce qui se manifeste naturellement en saisissant les concepts d'espace et de temps. C'est ainsi que ce royaume de lumière apparaît comme le monde solide, familier, spatialement défini et limité. Lorsque sur la voie primordiale de la lumière, la radiance est perçue directement sans ces facteurs obscurcissant, apparaît une expérience d'unicité au-delà de toute notion d'unicité, une lumière vivante libre des limites de l'intellect, vue clairement à partir de la lumière du cœur.

La radiance que nous appelons ce monde est sacrée. Tout est déjà naturellement consacré comme expression de l'essence. La Terre, les arbres, les plantes, les rivières, les nuages et le ciel, les couleurs, les odeurs,

Intention de l'Essence

les goûts, les textures, et les sons, toutes les manifestations de l'essence, grandes ou petites, participent de la source de laquelle elles émergent. L'expression de ce monde en tant qu'intention de l'essence n'apparaît pas comme une illusion trompeuse. Elle n'apparaît pas comme un leurre destiné à nous faire souffrir, ou comme quelque chose dont il faut se détourner ou s'échapper. Elle n'est pas non plus un simple rêve destiné à nous séduire ou qu'il faut mettre de côté. Cette expression de l'essence est une vision, une vision sacrée pourvue d'une intention vivante tressée avec la trame de notre être. Le rayonnement et l'essence ne sont jamais séparés. Cette unité est au-delà du temps et de l'espace, au-delà des concepts, et pourtant elle peut être vue, expérimentée, sentie, on peut y répondre, on peut la reconnaître afin d'accomplir la manifestation du retour à elle.

La brillance de ce monde, émergeant comme expression d'une pure intention, peut être vue et ressentie avec plus de clarté dans le monde naturel, hors de la manipulation humaine. Les signes de cette radiance sont partout : dans le ciel de la nuit, dans un arc-en-ciel, dans le soleil et la lune, dans les interactions entre les éléments : eau, feu, Terre, vent et espace. Cette brillance naturelle se trouve aussi dans notre cœur, et comme le miracle d'une graine placée dans le lit nourrissant de la terre germe, grandit et se transforme, la graine de lumière déjà présente en notre cœur peut germer et grandir, initiant le cycle particulier du retour, la voie visionnaire de la radiance.

Le monde naturel est un mouvement fluide. Les cycles interreliés du changement apparaissent comme le rythme d'émergence et de déclin de l'expérience, et telles des bulles à la surface d'une mare, les phénomènes qui se manifestent n'ont pas le pouvoir de demeurer du fait de la nature constamment transitoire de ce qui les fait naître. Aussi, la splendeur de cette vie inclut-elle la régression et le déclin. Ce sont également des aspects naturels et nécessaires des cycles de changement, semblables au compost enrichissant un sol.

Tout ce qui se manifeste dans notre expérience, toutes les joies et les difficultés, les choix que nous faisons comme notre capacité à choisir, tous sont des expressions de la compassion de l'essence. La grande compassion est un environnement dynamique fertile pour grandir. Chaud et froid, haut et bas, proche et lointain, rapide et lent, nuit et jour, naissance et mort, Terre et ciel, tous sont des aspects de l'expression de la danse de l'essence nous invitant à revenir à l'origine. Les forces complémentaires tout autour de nous offre un cadre soutenant en lequel nous pouvons apprendre et grandir. Le problème n'est pas la dimension dualiste de notre expérience ; le problème est de saisir et de s'attacher à l'un ou l'autre des aspects de ce tout dynamique, entravant la fluidité naturelle des interactions et limitant notre capacité à évoluer.

La saisie et l'attachement proviennent d'un sentiment illusoire de séparation, l'ignorance se manifestant comme un soi. Tous les vivants ont une sphère individuelle d'existence, un mode d'être par lequel ils expérimentent et choisissent tout en faisant partie de la grande compassion primordiale. Ne pas reconnaître cette unité inhérente conduit à l'attachement et au sentiment de séparation. Le cycle est sans fin à moins d'embrasser un cheminement spirituel d'abandon, qui nettoie et polit la surface

Intention de l'Essence

intérieure de notre sphère jusqu'à ce qu'elle devienne ouverte comme l'espace. Puis, telle la surface arc-en-ciel d'une bulle devenant de plus en plus fine, elle éclate et il n'y a plus de sphère, juste un tout homogène.

La totalité de ce monde est une vision sacrée : la radiance de l'essence se manifeste naturellement, spontanément, ici, abondamment, et au sein de cette abondance chaque être vivant a le potentiel d'abandonner la séparation et de revenir à l'unité de l'unicité. Cette abondance est ici pour nous toucher, pour nous appeler. La seule raison pour laquelle nous sommes ici est de suivre cet appel à revenir à l'origine. Ainsi, un pas important au début de n'importe quel chemin spirituel est de se sentir responsable de nos pensées et de nos actions, de la façon dont nous répondons à cette vision miraculeuse que nous nommons "monde", de sentir qu'il nous appartient de défaire les schémas de séparation qui nous possèdent et de retrouver la connexion avec ce qui a été recouvert sans pour autant n'avoir jamais été perdu, de reconnaître et nourrir la graine de la radiance dans notre cœur.

Ouverture de la Terre

Demandez-vous quel est le sens de cette vie ? Que seriez-vous prêt à faire pour suivre véritablement le chemin de la grâce primordiale jusqu'à son terme ultime, la réalisation de ce qui est déjà là dans votre cœur, jusqu'au point de la parfaite union sans séparation, dissolution de tous les concepts, tendances et émotions ? Quelle est la force de votre intention pour parcourir la totalité du chemin pour tous les vivants, pour chaque aspect de cette incroyable vision, et pas seulement pour vous-même ?

L'intention d'être bénéfique à ce qui n'est pas soi est cruciale sur le chemin spirituel. Aussi naturel que l'amour d'une mère pour son enfant, cette intention est déjà présente en soi, que l'on soit un homme ou une femme. Il n'est pas nécessaire de prendre un vœu, mais juste de reconnaître ici et maintenant, là où nous sommes, que cette qualité nourrissante demeure en notre cœur et de lui permettre de rayonner pour toute vie. Cette bonté innée est identique à la bonté opérative fondamentale de l'intention de l'essence se manifestant en tant que Terre, et cette bonté comporte le fait que chaque graine semée mûrit. Les actions et motivations égoïstes augmentent la séparation et stoppent le développement spirituel. De nombreuses personnes au sein du monde occidental ont peur de la Terre, ont peur de faire l'expérience directe des aspects élémentaux de la vie, et ont peur d'être confrontées aux conséquences de leurs choix et actions, qui sont comme des reflets que la Terre leur renvoie. Nous, en tant que culture, avons préféré l'illusion de l'autonomie et nous nous sommes coupés de la profondeur de cette qualité intérieure maternelle, avec des conséquences dramatiques pour notre Première Mère et pour nous-mêmes. Dans un monde toujours plus urbanisé et connecté, le choix de retourner à la Terre en tant que fondement de la pratique spirituelle est crucial, et faire du généreux cœur de l'essence le chemin devient une prière concrète pour le futur de toute vie. Nous savons déjà comment prendre soin, comment y accéder, comment se connecter à ce qui est hors du soi. Nous devons simplement nous rappeler au cercle de la vie.

Pour cela, il est nécessaire de réaliser en notre cœur que nous sommes un avec la Terre, et d'être capable de nous en remettre aux énergies de confiance et de bienveillance déjà présentes en notre cœur. Nous devons réaliser et accepter qu'il y a là une bonté de l'essence, à la fois dans la Terre et en nous-même. Cette intention s'exprime au travers des qualités habituellement attribuées à la Terre et qui sont les caractéristiques même du cœur. Il nous est nécessaire de les reconnaître et de les cultiver afin que la graine de

Ouverture de la Terre

l'unicité puisse grandir, s'épanouir, et finalement semer la graine du fruit.

La Terre répond de façon dynamique, naturelle, abondante et éclatante. Bien que nous ayons l'habitude d'expérimenter la Terre comme un sol solide et ferme, la couche d'humus constitue une dynamique fertile et réceptive de transformation continuelle. La Terre est ouverture inconditionnelle, permettant à n'importe quel choix de fructifier. La Terre manifeste une indéfectible dévotion, nourrissant tout ce qui émerge comme des expressions de l'essence. La Terre est humilité absolue, réceptive envers tout. Ces caractéristiques de la Terre, réactive, accueillante, dévouée et humble sont en interaction et se soutiennent mutuellement. Elles sont toutes des qualités d'une même ouverture réceptive fondamentale qui est l'un des aspects naturels de l'essence et qui est omniprésente au sein du monde apparent. C'est le cœur originel, présent ici, pour nous, nous permettant de reconnaître et d'apprendre. Il est particulièrement manifeste avec la Terre et il réside déjà en chaque cœur. De même que l'intention d'être bénéfique à ce qui n'est pas soi est le reflet de l'intention plus vaste de l'essence, de même l'ouverture réceptive de la Terre que nous pouvons ressentir en notre cœur est en lien directe avec l'essence. Et une fois qu'elle est reconnue, elle peut être cultivée au travers des choix que nous faisons dans notre vie. Nous ne sommes pas seuls. Nous serons accueillis par toute vie si nous choisissons de revenir dans notre maison, la Terre sacrée.

Répondre

Être réceptif ne veut pas dire être passif : c'est une volonté active d'entrer en lien avec la radiance de l'essence qui se manifeste continuellement, à l'extérieur comme à l'intérieur. C'est une réponse directe venant du cœur, une implication directe avec la trame même de notre monde, une reconnaissance sans séparation. Répondre est une expérience relationnelle d'empathie, participant de l'appel et de la réponse fluide et continuelle qui s'expriment tout autour de nous. Ce n'est pas une construction mentale mais un abandon du contrôle de l'esprit sur le cœur, un abandon qui permet une danse ouverte au sein de notre cœur et du cœur de tout. Cette volonté de répondre est la base qui permet de se sentir responsable des choix que nous faisons et d'apprendre d'eux, de se sentir responsable de sa propre vie et d'entrer en lien avec les myriades de vies autour de soi avec un cœur qui n'est pas indifférent.

Permettre

Cette réponse conduit naturellement à un esprit fluide, accueillant, doux et bon, qui n'est pas pris par et qui ne se fixe pas aux situations, aux concepts, aux habitudes et aux émotions, pas plus qu'il ne les nie ou ne s'y attache. Cet esprit souhaite écouter et suivre le cœur. Il souhaite permettre au cœur d'être ouvert comme la Terre, accueillant chaque chose et toutes les choses sans jugement. La Terre est une mère absolue qui souhaite permettre à ses enfants de découvrir et d'expérimenter afin qu'ils puissent apprendre directement et viscéralement des résultats de leurs actions, même si ceux-ci lui font beaucoup de tort. La Terre nous enseigne, pour autant que l'on permette à ses enseignements de nous pénétrer, pour autant que nous souhaitions nous ouvrir pour apprendre à être dans le flot de notre cœur. La Terre n'est pas passive bien qu'elle puisse sembler l'être en contraste avec l'esprit rationnel. C'est seulement en permettant au cœur de s'ouvrir à une expérience fluide sans séparation, embrassant activement ce qui est, que nous pourrons accéder à la vaste étendue de sagesse qui est ici et qui attend d'être réalisée.

Il faut du temps pour développer un esprit qui sait vraiment accueillir, accepter et participer à ce niveau d'ouverture. Il s'agit d'abord de rompre avec les habitudes, abandonnant fixation et saisie, puis lorsque les énergies qui ne sont plus liées à la saisie et à la fixation deviennent disponibles, l'on expérimente de plus en plus la générosité naturelle de l'ouverture innée de notre cœur.

Dévotion

La Terre est une expression de l'intention de l'essence, se manifestant pour aider tous les vivants à revenir à l'origine. Lorsque l'on ressent cette indéfectible intention mutuelle de la Terre et de l'essence, on réalise que toute chose est un enseignant. Un engagement et un respect aimant émergent alors naturellement en tant que profonde confiance en l'essence et en ses innombrables manifestations. La dévotion de l'essence pour que tous les vivants retournent à l'origine se manifeste au niveau des éléments en tant que bonté équanime et stable de la gravité, de l'air, du sol, des plantes, de l'eau, du feu et de l'espace. La dévotion envers la Terre et l'essence qui émerge dans notre cœur est aussi un reflet de cette même intention, elle nous guide avec les apparences. La dévotion naturelle donne la capacité de se lier et de se relier, d'accepter la grâce, d'abandonner le contrôle et de s'en remettre.

La véritable dévotion ne consiste pas en l'obéissance aveugle envers une autorité humaine ou envers la hiérarchie d'un système de pensées ou de croyances. Elle n'est pas censée être une soumission féodale. L'esprit joue un grand rôle dans le fait de nous maintenir sous l'influence de l'esprit et des idées d'autres. Si on laisse notre esprit devenir un tyran, cela installe un consentement à déléguer l'autorité à des structures externes. Nous ne devons pas renoncer, que ce soit pour notre esprit ou pour une autre personne, à notre responsabilité et à notre capacité à répondre à partir de notre cœur. Cela ne signifie pas non plus qu'il ne faille pas avoir de respect pour des guides spirituels. L'esprit peut aussi devenir un tyran intérieur en refusant d'écouter non seulement la voix du cœur mais aussi les voix d'autres personnes. Il s'agit de reconnaître la responsabilité que nous avons envers notre propre cheminement et que la source ultime de la voie est l'essence elle-même. Il n'est pas nécessaire de s'en remettre à des interprétations humaines pour rencontrer l'intention de l'essence en notre cœur et tout autour de nous dans le monde naturel. La dévotion signifie ouvrir son cœur à l'âme de tout ce qui se manifeste naturellement.

Humilité

S'abandonner de tout son cœur, s'en remettre à l'appel de l'essence en notre cœur sans aucune structure et sans savoir comment le faire, telle est l'humilité. La véritable humilité ne consiste pas à se soumettre à une doctrine ou à suivre des règles. La véritable humilité est très subtile. Elle implique de ne pas se chercher de nouvelles identités, de nouveaux statuts. Nous sommes vides, nous nous abandonnons complètement à la trame du vivant dans une pleine reconnaissance sans séparation, en dehors de toute notion de hiérarchie ou de réussite. La pratique spirituelle a pour socle le sentiment d'une plénitude vivante ; nous nous laissons porter par l'humilité, dans l'ouverture et l'abandon. Lorsque l'esprit se met en retrait et renonce au contrôle, l'on réalise clairement avec notre cœur que nous faisons déjà partie de l'unicité de l'intention de l'essence. En permettant à l'intention de notre cœur de nous guider, l'on simplifie sa vie et l'on réduit nos désirs et nécessités à presque rien. Et ainsi ce qui vient à soi est plus qu'assez : c'est un don. Cette façon de vivre particulière, respectueuse et bienveillante, est le socle nourricier à partir duquel peut naître le développement spirituel.

Répondre, permettre, dévotion et humilité conduisent à un esprit réceptif, ouvert à la sagesse naturelle du cœur, respectueux et humble, touchant et se reliant au fondement de l'existence. Tout en reconnaissant ces qualités de la Terre en notre cœur, nous n'insisterons jamais assez comment le fait de vivre physiquement au contact de la Terre, la base réelle de cette vie, de vivre et de se développer spirituellement dans une participation avec notre Première Mère, est crucial pour la voie qui nous amène au cœur absolu, ouvert et lumineux, de la radiance intérieure.

Abandonner

La Terre est le socle à partir duquel notre vie et notre pratique spirituelle se développent. Elle est l'intention de l'essence se manifestant pour que tous les vivants cherchent et trouvent le chemin du retour à l'origine. Cette expression de l'essence est semblable à un rêve bien qu'apparaissant comme solide et réelle. Toutes les expériences, tous les phénomènes, sont aussi évanescents qu'une brume sous le soleil de midi, mais cela ne diminue pas le caractère sacré inhérent à la vision manifestée que nous appelons cette vie. La totalité de ce monde merveilleux émerge pour nous guider au travers des signes, pour nous ouvrir, pour prendre soin de nous, pour nous aider à nous abandonner et à nous en remettre à l'omniprésence de l'essence. Cette vision qu'est la Terre est là pour être directement expérimentée, pour que nous ressentions la pulsation de notre Mère à l'intérieur comme à l'extérieur, pour se connecter en profondeur aux qualités qui sont là pour que l'on s'en inspire. L'immensité du ciel, la fluidité de l'eau, la persévérance des montagnes, et l'ouverture de la Terre sont là afin que nous puissions en faire l'expérience, les ressentir, les toucher et les expérimenter de tout notre être, de façon à ce qu'elles deviennent vivantes en nous et que nous reconnaissions et acceptions leur héritage en nous.

Si l'on souhaite entrer dans l'ouverture réceptive et accueillante de notre cœur, il nous faut faire l'expérience directe de la nature sacrée de la Terre, vision de la vie apparaissant spontanément au sein de la trame du vivant. Lorsque l'on commence à réellement sentir et interagir avec les énergies et les bénédictions tout autour de nous, notre cœur s'ouvre naturellement. Pour cela il est nécessaire de briser les barrières nous séparant du monde naturel. Après s'être détournés de la Terre, nos ancêtres ont développé un nouveau cadre culturel, des constructions artificielles à la fois physiques et mentales renforçant la séparation d'avec la Terre. Une fois qu'elles furent établies, nous nous y sommes attachés et nous les avons maintenus. Et avec l'héritage de cet attachement est apparue la peur, la peur que si ce à quoi l'on s'accroche venait à s'effondrer, nous serions perdus.

Pour la plupart d'entre nous, nous avons oublié comment faire confiance et vivre la Terre comme notre maison. Si nous connaissons les techniques de survie les plus basiques, comment construire un simple refuge fait de matériaux naturels, comment faire un feu sans silex ou allumettes, comment trouver de l'eau et identifier quelques plantes médicinales et comestibles, si nous savons comment vivre avec notre mère la Terre, nous n'éprouvons plus ces angoisses primaires. Cela nous donne une profonde confiance en la Terre et en soi-même et permet à l'ouverture naturelle de notre cœur de s'épanouir.

Abandonner

Il n'y a pas besoin de devenir un expert dans les techniques de survie. Les techniques élémentaires pour une vie spirituelle en union avec la Terre sont très simples, même si ce mode de vie demande de défaire de nombreuses habitudes du corps et de l'esprit. C'est la partie très difficile du travail pour les personnes élevées dans le monde moderne, et c'est aussi un aspect nécessaire du cheminement spirituel à toutes les époques. Laisser tomber les habitudes et expérimenter la dimension sacrée et la générosité de la Terre permettra à l'ouverture inhérente à notre cœur de grandir. Les enseignements nous entourent au sein du monde naturel. Se laisser porter par le flot de la nature, entrer en ce que nous avons déjà, un cœur de joie prêt à embrasser et à être embrassé par la radiance de l'essence. Si notre cœur est ouvert, nous recevrons les enseignements.

L'assise de la Terre

La Terre est le temple des saints. Si tous les textes et mots écrits de la Terre venaient à disparaître, nous serions encore entourés et embrassés par les enseignements naturellement présents dans ce monde apparent. Tant de métaphores spirituelles venues jusqu'à nous au travers des écrits sont issues des expressions de la radiance de l'essence se manifestant autour de nous. L'ouverture n'est pas semblable au ciel, elle est une avec le ciel, elle est le ciel. La fluidité n'est pas semblable à l'eau, elle est une avec l'eau, elle est l'eau. Ils participent l'un de l'autre, ce ne sont pas des concepts. Où que nous soyons, le paysage même est la base effective de notre pratique spirituelle. Ecoutez les voix du vent, de l'eau, des rochers, des plantes, des arbres. Ils forment la grande mélodie en laquelle toutes les autres voix, humaines, oiseaux, insectes et animaux se trament en un tout.

Allez dans la nature, calmement, comme si vous entriez dans un temple. Faites l'expérience des merveilles de cette Terre avec l'innocence d'un enfant. Asseyez-vous un moment sans attente, observant les volutes de nuages grandir, se répandre dans le ciel puis se dissoudre en l'étendue bleue. Asseyez-vous sur une montagne, voyant montagne, sentant montagne, étant montagne, pénétrant la force des rochers et des arbres. Asseyez-vous près d'un étang ou d'une rivière, sentez la fluidité de l'eau en mouvement ou lorsqu'elle est calme. Asseyez-vous sur une plage ou une falaise au-dessus de la mer, sentez la profondeur et l'immensité de l'océan tel qu'il est. Asseyez-vous sur une colline, contemplez un ciel bleu immaculé ou allongez-vous et laissez-vous fusionner entièrement avec la vastitude au-dessus de vous. Asseyez-vous dans la nuit pour attendre l'aube ou allongez-vous sur la Terre pour regarder les étoiles qui passent au-dessus de vous. Assistez au passage du soleil et de la lune et sentez en vous leur mouvement.

Où que vous soyez, il est possible d'approfondir votre expérience en maintenant votre corps calme et relâché. Lorsque vous marchez, bougez lentement et tranquillement ; lorsque vous êtes assis, ne bougez plus après que vous vous êtes installés. La façon la plus bénéfique et traditionnelle de s'asseoir dans l'ouverture et de pénétrer la résonance subtile de la Terre et du cœur est de s'asseoir sur la Terre, jambes croisées, en lotus complet, en demi-lotus ou dans une posture jambes croisées plus ouverte. Si vous êtes habitués à l'une ou l'autre de ces façons de s'asseoir avec seulement un petit coussin ou directement sur la Terre, vous pouvez vous asseoir n'importe où, n'importe quand et vous n'avez pas besoin d'amener beaucoup de matériel avec vous. Le point essentiel de ces postures est de garder le dos droit mais relâché en sa courbure naturelle avec les épaules également relâchées. Soulevez légèrement le haut de votre corps et enracinez le bas dans la Terre. Sentez l'ouverture dans l'espace intermédiaire. Cela permet à l'énergie subtile de se mouvoir avec fluidité et vous aide à poser votre esprit en restant calme et attentif. Vos yeux sont ouverts sans regarder quelque chose de particulier dans le champ de vision. Respirez doucement et de façon régulière. Maintenez votre menton un peu rentré et relâchez votre mâchoire. Placez le bout de votre langue sur votre palais, juste derrière les dents, afin de permettre la circulation régulière des énergies qui apparaissent dans la pratique. Relâchez-vous dans la posture, avec une lueur de sourire se reflétant dans vos yeux et par votre bouche. Ce sourire intérieur vient facilement en appréciant véritablement l'hospitalité de l'endroit où vous êtes assis, appréciant la connexion qu'il a avec vous et l'unicité de toute vie au sein de l'essence se manifestant ici et maintenant. Une fois que vous vous êtes installés dans la posture dans ce lieu, ne bougez plus. Permettez à vos énergies subtiles et physiques de ralentir.

Restez silencieux, avec une respiration douce et régulière, fondant, mélangeant, fusionnant votre réceptivité avec la réceptivité de la Terre, sans errer dans le passé ou le futur, mais revenant à ce qui se manifeste dans l'instant présent. Evitez aussi que vos yeux ne s'égarent, posant votre regard avec douceur afin de voir simultanément la totalité du champ visuel, jusqu'à ce que vos yeux soient semblables au ciel, calmes et vastes. Votre silence se mélangera à l'espace que vous aurez permis, et votre respiration ralentira et deviendra plus douce comme si elle devenait la pulsation d'une mer calme, ses petites vagues régulières se dissolvant dans la pente de la plage et s'allongeant jusqu'à ce que le son s'éteigne. Si vous devenez agité et distrait, revenez à l'instant présent, en paix et ouvert, reconnaissant que vous faites partie de cette vision globale qui se déploie autour de vous.

Abandonner

Perception directe

La perception directe est une expérience du cœur. Nous sommes nés avec la capacité de l'expérience directe. Notre cœur attend déjà. Telle une petite lampe au fond des bois, il est possible de sentir sa chaleur, et peut-être de voir sa lueur dans le lointain. Notre cœur, en son tréfond, nous appellera si nous sommes ouverts à entendre sa voix. Tout ce qui nous sépare du cœur sont les fabrications de l'esprit. Trop souvent, les personnes expérimentent le monde d'une façon indirecte, leur perception étant voilée par une saturation frénétique d'informations. Nous, en tant qu'espèce, avons permis à notre esprit de prendre le contrôle et de condamner et écarter notre cœur. De nombreuses personnes n'ont aucun sens véritable de la valeur du cœur. Nous devons commencer par nous détacher de toutes les limitations de l'esprit, et par sortir de l'emprise qu'il a sur notre capacité à expérimenter directement avec le cœur.

Il est possible que vous ayez déjà eu un bref aperçu d'une conscience ouverte au-delà de votre expérience habituelle. Peut-être a-t-elle provoqué des larmes dans vos yeux et que vous avez prié pour pouvoir l'expérimenter à nouveau, par exemple en évoquant dans votre mémoire les circonstances de son apparition initiale, et pourtant cela n'a pas suffi. La perception directe émerge organiquement et naturellement. Nous devons entrer dans le cœur de la vision qu'est cette vie en nous y connectant au travers de notre propre cœur. Il s'agit ensuite de vivre l'expérience de l'ouverture que cette connexion amène au sein du monde vivant se manifestant, s'écoulant, nous enseignant par son mouvement sans utiliser de mots. La perception directe est l'expérience visionnaire du monde se déployant devant nous à partir de l'intention rayonnante de l'essence, d'instant en instant. Nous commençons à nous mouvoir et à vivre l'expérience comme un flot, avec une qualité de clarté fluide et continuelle guidée par cet appel. Cette qualité est présente dans le son de l'eau, dans la lumière du matin au travers des arbres, dans le mouvement des herbes dans le vent. La perception directe est ce flot de l'être, une sensation générative qui pénètre toute sensation, l'expression de l'essence en soi et en tout ce qui émerge naturellement. La perception directe n'est pas la soi-disant observation objective de l'esprit. Elle est la véritable nature de l'expérience révélée au travers du cœur.

La vision grand-angle

La vision grand-angle constitue un puissant moyen pour ouvrir notre cœur lorsque l'on est assis ou que l'on marche. De même que l'ouverture est le mode naturel de notre cœur, la vision grand-angle est le mode naturel de nos yeux. Les peuples indigènes utilisaient la plupart du temps leurs yeux en vision grand-angle, n'utilisant la vision tunnel étroite et ciblée que pour des tâches spécifiques. Le monde moderne avec l'importance qu'il accorde à l'écrit requiert la vision tunnel ciblée pour la plupart des activités, et ce mode de vision est devenu une habitude même lorsqu'il n'est pas nécessaire. Et cette façon d'utiliser les yeux renforce à son tour l'esprit tunnel, restreignant et fermant l'accès aux autres modes de perception. Apprendre à utiliser les yeux en vision grand-angle, c'est-à-dire en étant présent au champ visuel périphérique mais sans s'y fixer, permet à l'esprit de s'ouvrir à l'espace naturel du cœur et des yeux.

L'esprit est étroitement relié aux yeux. La façon dont les yeux sont utilisés impacte l'expérience de l'esprit. La vision grand-angle permet à tout ce qui est dans une étendue à 180° d'être vu simultanément. Cette saturation du champ visuel inonde le cerveau d'informations et fait basculer l'attention sur la qualité réceptive des yeux, sur la réceptivité elle-même plutôt que sur le contenu, adoucissant la force du mental et affaiblissant sa capacité à contrôler le cœur. La vision grand-angle permet de rompre l'habitude de l'esprit à prendre le dessus, et il devient alors possible de se poser plus facilement dans le

Grâce Primordiale

cœur. Et parce qu'elle est la façon naturelle d'utiliser nos yeux, c'est une méthode très efficace pour les pratiquants pour reconquérir l'expérience directe de l'ouverture naturelle inhérente à notre cœur et se reconnecter avec la trame du vivant.

La plupart des personnes se sont laissées dominer par leur esprit et utilisent leurs yeux en mode vision tunnel ciblée, pas seulement lors de la lecture de mots écrits mais aussi en se laissant aveugler par les émotions négatives et les limitations d'un esprit se saisissant comme séparé. Cette expérience de l'esprit peut être à ce point ancrée qu'il en devient difficile d'accéder à l'ouverture toute accueillante du cœur. La vision grand-angle peut aider à relâcher la domination de l'esprit sur les yeux et le cœur. Les yeux viennent naturellement en vision grand-angle lorsque l'on se pose en notre cœur, et réciproquement, adopter intentionnellement la vision grand-angle facilite la fusion avec notre cœur et le cœur de toute chose.

La marche de la Terre

Trouvez un endroit de nature ou un chemin privé, et marchez très très lentement et avec douceur. Le point n'est pas de se concentrer sur le fait d'aller lentement mais de permettre à la lenteur d'ouvrir tous nos sens afin d'élargir notre perception plutôt que d'être dans une perception tunnel. Utilisez vos pieds pour ralentir. Marchez pieds nus ou avec des chaussures à semelle fine et souple avec peu ou pas de talon, sentant la Terre entrer en contact avec votre pied à chaque pas. Dans la façon ancienne de pratiquer la marche de la Terre, il s'agit de passer de l'attaque talon de notre monde pressé contemporain à un rythme de marche plus respectueux et harmonieux semblable à une prière d'ouverture, ressentant la pulsation de la vie tout autour de soi. Posant le pied avec douceur et lenteur, il s'agit de toucher le sol en premier avec le bord extérieur de la plante du pied, puis de dérouler la plante vers l'intérieur. Ensuite de poser le talon puis les orteils, et en ne basculant pas le poids du corps avant d'avoir vraiment senti le sol sous le pied et toutes les brindilles, feuilles ou cailloux qui pourraient s'y trouver. Ceci libère le mouvement du fait de devoir s'en remettre aux yeux ; à la place nous sentons le sol avec nos pieds. Cette façon de marcher dans la réceptivité aide à ralentir et à marcher très lentement, fusionnant avec toute la vie autour de soi.

Laissez vos mouvements être fluides et gracieux. On peut au début se sentir maladroit ou gêné mais au fur-et-à-mesure que le rythme de cette marche devient plus naturel, l'on se déplace de plus en plus comme les petites vaguelettes à la surface d'une eau calme, se fondant sans effort dans la totalité. Avec le regard posé en douceur sur l'horizon devant soi, gardez les yeux en vision grand-angle, présent mais sans se fixer sur rien qui puisse apparaître au bord du champ de vision. En marchant ainsi avec la vision grand-angle, le monde semble plus fluide, bougeant avec soi, et l'absence de solidité de toute expérience devient plus évidente.

La marche lente en vision grand-angle change les notions de mouvement et d'espace et permet d'entrer dans une expérience d'ouverture élargie. Elle nous connecte aux perceptions subtiles non seulement du monde physique mais aussi du monde de l'esprit, et lorsque nous devenons plus en phase avec la pulsation de la Terre, la ligne de démarcation entre le matériel et le spirituel se dissout. En particulier si nous faisons cette pratique la nuit, elle intensifiera notre perception des bonnes et mauvaises énergies des différentes zones dans lesquelles on se déplace, nous amenant à faire l'expérience intérieure des énergies d'esprits qui peuvent demeurer sur le lieu, ce qui est précieux lorsque l'on vit au sein de cette vision partagée.

Attendre les animaux

Asseyez-vous dans un endroit dans lequel vous vous sentez bien et qui vous semble accueillant, calmez le corps et l'esprit, et attendez des animaux. Lorsque vous vous baladez, soyez attentifs aux mouvements des animaux, regardez les comportements des oiseaux, observez les comportements des insectes et des poissons, puis trouvez un endroit à proximité où vous pouvez vous rapprocher de leur rythme, utilisant la totalité de l'expérience pour vous relier à votre cœur, et sachant dans votre présence silencieuse que vous faites partie de cette vision qui émerge. Une fois que vous vous êtes posés, les animaux, les oiseaux et les insectes vont doucement reprendre le cours naturel de leurs activités tout autour de vous. Retrouver un état de calme prend du temps, à la fois pour vous et pour les animaux. Presque tout le monde a déjà ressenti la bénédiction de l'apparition inattendue d'un grand ou d'un petit animal sauvage ou d'un oiseau, et l'ouverture, le respect et la gratitude pour ce cadeau de confiance. Lorsqu'un animal s'approche de vous, calmez votre rythme cardiaque et respirez plus doucement de façon à ne pas le faire fuir. Demeurez dans l'ouverture et la gratitude, gardant les yeux en vision grand-angle. Les animaux sentiront la posture de votre regard, et reflèteront votre énergie au travers du comportement qu'ils auront autour de vous.

S'asseoir et attendre calmement les animaux en gardant les yeux en vision grand-angle lorsqu'un animal s'approche, est un bon entraînement pour reconnaître le pouvoir des yeux et la façon dont on les utilise. De même que les animaux sentiront la qualité de votre regard, vous pourrez sentir cette même qualité. Les animaux peuvent aussi communiquer avec les yeux et sont très réceptifs à cela. Ils se sauveront si vos yeux se fixent sur eux d'une façon ordinaire. S'entraîner à la vision grand-angle en attendant les animaux développe un regard humble et respectueux qui nous fait entrer naturellement dans l'ouverture accueillante du cœur. Guetter les animaux constitue un profond entraînement pour tout notre être ; c'est une pratique pour s'ouvrir à la venue de la grâce, et notre capacité à la développer est cruciale pour le cheminement spirituel et particulièrement pour la voie visionnaire de la radiance, qui est une pratique de la venue de la grâce sous une forme très pure.

En plus d'être un moyen de focaliser son attention pour calmer l'esprit et le corps et se poser dans notre cœur, attendre les animaux nous permet d'expérimenter l'interdépendance de toute vie d'une façon très directe. Une fois que l'on s'est installé en un lieu, et que les animaux, les oiseaux et les insectes tout autour ont repris le rythme de leurs activités, il est possible de remarquer d'innombrables interactions subtiles. Un rapace crie, un petit animal se maintient immobile. Un papillon virevolte dans une zone éclairée par le soleil, un chevreuil surgit dans la même clairière. Les animaux s'informent tous mutuellement au travers de signes, et alternent des moments de prudence avec des moments de relaxation. Tels les anneaux concentriques se répandant à la surface de l'eau, les échos de leurs actions rayonnent constamment et s'entremêlent. Il est ainsi possible d'expérimenter directement la qualité véritablement dynamique de l'unicité de tout être en tant que manifestation d'une même essence et d'une même vie sur la Terre. Nous sommes tous nés d'une même mère. Nous sommes tous littéralement frères et sœurs. La communication est directe et continuelle. Que nous les entendions ou pas, les voix de nos parents sont partout. Les vies individuelles des animaux se manifestant autour de nous sont des réflexions au sein de l'intention rayonnante de l'essence. Au travers de la beauté délicate d'une fleur ou de la musique bourdonnante d'un ruisseau de montagne, nous touchons d'autres expressions de cette intention sacrée qui infuse en la trame du vivant et qui embrasse toute chose.

Bons lieux et mauvais lieux

Les énergies calmes ou dynamiques font partie intégrante de tout ce qui apparaît naturellement. Lorsque l'on s'immerge en notre cœur en lien avec les sensations et les fréquences de la Terre, l'on devient plus sensibles au caractère positif ou négatif des énergies du lieu dans lequel on se trouve. Il est possible de ressentir dans certains endroits une qualité particulièrement accueillante alors que d'autres lieux peuvent sembler plus hostiles. Ces énergies ne sont pas dues au hasard. Elles apparaissent parfois du fait d'activités humaines, mais certains lieux peuvent avoir une résonance profonde reliée à la trame de la Terre qui a attiré d'autres expériences positives ou négatives.

Dans tout lieu, vous aurez des sensations différentes qui vous parleront. Il est mieux de privilégier les endroits positifs qui souhaitent offrir une énergie et des circonstances bienfaisantes pour notre pratique. Un bon endroit que l'on a approché avec respect et qui est accueillant est une invitation à s'unir avec l'intention. Mais parfois certains endroits peuvent paraître sublimes et accueillants et se révèlent être à l'opposé. Lorsque l'on pratique dans de tels lieux, notre esprit peut devenir de plus en plus agité, brassant des pensées négatives ou des émotions extrêmes alors que nous étions en paix juste quelques instants auparavant.

Où que vous alliez, prêtez attention à ce que le terrain vous dit. Si vous décidez de vous asseoir en un lieu, soyez présents à votre ressenti une fois que vous

vous êtes posés. Si vous commencez à vous sentir inhabituellement agité, mal à l'aise, nerveux ou perturbé, vous souhaiterez probablement vous lever et aller ailleurs. Connectez-vous à l'origine de ce ressenti. Est-ce que le lieu vous a rappelé une dispute que vous avez eu ou une peur personnelle, ou bien ressentez-vous les restes de violence ou de peur que d'autres êtres ont laissé ici ? Peut-être ressentez-vous l'endroit lui-même, ou bien les signaux d'avertissements territoriaux d'une fourmilière ou d'un nid d'oiseaux à proximité, ou bien un esprit bienfaisant, malfaisant ou neutre vit-il en ce lieu ? Il est important de décrypter l'énergie d'un lieu avec précision afin de pouvoir choisir l'énergie avec laquelle vous souhaitez être. Mais même sur un bon lieu, l'esprit peut amener sa propre négativité. Il est important de regarder honnêtement les émotions qui viennent de soi et celles venant de l'extérieur, et d'être capable de les distinguer. Toutes les expériences enseignent et nourrissent d'informations importantes la sagesse sans mots demeurant en notre corps et en notre cœur et qui seront une aide pour nous guider dans le futur.

Plus tard, lorsque votre pratique se sera approfondie, vous pourrez intentionnellement expérimenter des mauvais lieux afin d'enrichir et de renforcer votre résolution à cultiver un cœur ouvert, comme une prière pour toute vie, une prière afin que tous les vivants reconnaissent le cœur originel. Il est important de toujours avoir un but à visée large, au-delà du soi personnel, et ce particulièrement lorsque l'on pratique dans un lieu négatif. Il est bien au début de faire cette pratique au sein d'un groupe ou avec un guide expérimenté.

Grâce Primordiale

Un lieu de cœur

Pour ceux qui ont des émotions importantes, ou qui portent de lourds fardeaux issus de vies passées, ou des blessures venant d'expériences traumatiques de l'enfance ou ultérieures, il est important de trouver un lieu de nature particulièrement bon avec lequel on ressent une forte connexion, un lieu qui nous parle et qui souhaite nous aider, un lieu qui nous fait sentir en sûreté, en sécurité, qui nous réconforte, avec une énergie maternelle, un lieu de cœur. Il n'est pas nécessaire dans ce cas de rechercher les énergies puissantes d'un lieu shamanique ou les expériences éprouvantes d'un mauvais lieu.

Beaucoup de personnes dans nos civilisations modernes ont des problèmes avec leur mère de cette vie. Ceci vient du fait que ces civilisations ne soutiennent en général pas les énergies nourrissantes maternelles qu'elles considèrent comme étant inférieures. La Terre est en dehors de ces limitations et offre son soutien librement. Dans des moments particulièrement difficiles, intenses et éprouvants, tout le monde a besoin d'un lieu pour se connecter à ces énergies bienveillantes. Il est important de ressentir le territoire et de reconnaître en notre cœur le type de qualités qui y sont présentes. Il est important de se sentir en totale sécurité, protégé et nourri. Nous avons besoin de l'accueil inconditionnel, aimant, embrassant, fiable et réconfortant que la Terre peut nous offrir.

Abandonner

Quel que soit le lourd fardeau que vous portez, asseyez-vous simplement avec la vision grand-angle et avec gratitude, et laissez la Terre absorber le poids de vos émotions, de vos souvenirs, ou celui des lourds fardeaux de vos vies passées. Il n'y a pas besoin d'y penser, ou bien de faire un travail psychologique ou de canaliser votre énergie. Il n'y a pas non plus besoin de repousser cette lourdeur, laissez-la couler, laissez la grâce de la gravité absorber le poids. Asseyez-vous simplement et donnez-vous ainsi que votre fardeau à la Terre. Un lieu de cœur connecte notre cœur directement à la pulsation de l'Essence se manifestant comme la Terre.

Lorsque l'on est assis avec la Terre sur un lieu de cœur, la clarté naturelle de notre cœur est semblable à la flamme d'une bougie touchant une autre flamme plus grande. Alors que l'ombre de notre fardeau s'évanouit, nous ressentons la chaleur et la lumière qui demeurent naturellement en notre cœur et ressentons qu'elles sont embrassées par la chaleur et la lumière plus vastes de la Terre.

Cela peut prendre du temps si vous portez votre fardeau depuis longtemps, mais si vous vous asseyez régulièrement dans un lieu de cœur, celui-ci l'absorbera progressivement et vous serez capable de laisser aller de plus en plus de poids. Les souvenirs difficiles ne disparaîtront pas complètement mais la saisie profonde se relâchera doucement. Un lieu de cœur offre une remontée d'amour dissolvant le fardeau que nous relâchons, libérant l'amour et la bienveillance intérieurs déjà présents en notre cœur et irradiant vers les autres. Et en laissant cette bienveillance s'étendre au-delà du soi, la lourdeur et la saisie s'évanouiront d'autant plus.

La marche avec les yeux bandés

La marche de la Terre avec les yeux bandés en extérieur, connecté au rythme lent et paisible de la Terre, est une belle façon de calmer l'esprit et d'ouvrir son cœur. Sans les limites maintenues par nos yeux, nous percevons le monde d'une façon très différente. Il est possible de marcher le long d'une corde que l'on touche légèrement, ou sur un sentier que nos pieds peuvent sentir facilement ou avec de grandes herbes ou d'épaisses broussailles de part et d'autre, ou quoi que ce soit qui nous fasse nous sentir en confiance sur le chemin. Un sentier secondaire peut être fermé avec de la corde. Il est important de se sentir en sécurité dans le lieu et sur le chemin, de façon à ce que l'on puisse se déplacer en toute liberté, et s'abandonner au mouvement fluide de la marche, à l'atemporalité cachée derrière la perception ordinaire.

En général nous saisissons fortement le monde extérieur avec nos yeux. La façon dont les choses paraissent, solides et réelles, distantes ou proches, dépend de la façon dont le cerveau traite les informations venant des yeux. Les yeux sont en connexion à la fois avec le système nerveux autonome et le système nerveux somatique. Ainsi la façon dont on utilise nos yeux va impacter à différents niveaux notre réponse à l'expérience. Il est possible de diminuer la saisie de l'esprit sur la perception en se bandant les yeux et en permettant aux autres sens de s'ouvrir. La lumière commence alors à être perçue sans utiliser les yeux.

Abandonner

L'on devient plus conscient de la présence d'arbres, d'arbustes et de l'espace tout autour de soi. Il s'agit de rester en vision grand-angle derrière le bandeau. Même si nous ne percevons pas directement avec nos yeux, il est important garder la connexion avec cette qualité d'ouverture. Il est possible d'en venir à reconnaître exactement comment est le sentier. Certaines personnes parviennent à voir avec leur œil intérieur un chemin qui rayonne, d'autres savent simplement dans leur cœur qu'elles vont dans la bonne direction.

Afin de pouvoir entrer profondément dans l'expérience, il vaut mieux faire des sessions de pratique de plusieurs heures. Marcher les yeux bandés et se déplacer lentement dissout tous les concepts de mouvement. Se laissant porter dans un flot continu, sans aller et venue, sans ici et là-bas, l'on devient un avec l'expérience émergeant d'instant en instant. Finalement, après plusieurs heures à se mouvoir en ce non-mouvement, l'on peut ôter le bandeau tout en gardant les yeux en vision grand-angle, et continuer le long du sentier, vaste comme l'espace, dans la conscience que ce n'est qu'une forme en mouvement, rien de plus.

Chercher son cœur

Toutes les pistes que nous proposons visent à ramener la pratique spirituelle à son origine, au cœur et à la Terre. Elles sont des portes permettant d'entrer naturellement dans l'expérience du cœur originel. L'un des points clés pour que le cœur originel puisse s'épanouir est que l'esprit ne lui fasse pas obstacle. Les habitudes de l'esprit et les concepts ne vont pas disparaître comme par magie, il faut vouloir les abandonner, il faut vouloir ne plus être enfermé par eux. Le chemin spirituel à tous les niveaux est un processus continuel d'abandon, et que ce soit en retraite ou dans d'autres contextes de la vie, cela demande de changer toutes nos habitudes, de changer sur de multiples aspects la façon dont nous réagissons à nos expériences.

Il est nécessaire de se débarrasser de tous les concepts et étiquettes, de tous les jugements et comparaisons, de tous les "c'est ainsi". Faire une expérience nouvelle de quelque chose que l'on connaît déjà peut-être un tremplin, une façon de développer la confiance, en se donnant à soi-même la permission d'aller dans une direction inhabituelle. Autrement le très commun "c'est ainsi" devient une autre brique dans le mur de nos certitudes, l'espace circonscrit du connu. La pratique spirituelle authentique concerne l'ouverture et l'expérience directe, la clarté de la perception, l'inattendu, la fraîcheur, la présence d'instant en instant, non pas la vacuité ou l'absence, mais la pleine présence, ouvert comme l'air, fluide comme l'eau limpide, fusionnant notre cœur avec le cœur de tout.

Chercher son cœur amène au-delà de l'espace limité du connu afin de révéler l'ouverture et la fluidité dans le monde naturel et dans notre cœur, et nous conduit à faire l'expérience du cœur et du cœur de tout. Une façon de chercher son cœur est de pratiquer une forme très très lente de marche de la Terre associée à la méditation debout et à la méditation assise, le tout en un flot, une ouverture pénétrante, laissant le paysage et la journée nous guider selon leur musique, se déplaçant selon le vent, se déplaçant selon l'ombre et la lumière, se déplaçant avec calme et lenteur, s'arrêtant parfois, sans à coup dans les mouvements, sans vaguelettes dans l'esprit, les pieds et le cœur connectés à chaque pas à la Terre.

La plupart des gens dans nos sociétés contemporaines au rythme effréné laissent leur esprit contrôler leurs mouvements, marchant en réponse à leurs pensées, souvent en lien avec des lieux et des moments autres que ceux qui sont ici et maintenant, ou s'ils sont dans le présent, ils surveillent l'expérience, jugent bon ou mauvais, ou bien se pressent sur un sentier pour atteindre le point de vue au-dessus, passant à côté de l'expérience de reliance qui nous entoure à chaque instant. Il est nécessaire de sortir de l'esprit pour être vraiment dans le cœur et entrer dans une ouverture relationnelle à chaque pas sur le chemin.

Rompre avec les habitudes

Afin de lâcher complètement prise, de s'ouvrir à l'expérience des sens et de s'ouvrir à son cœur, il est nécessaire de rompre avec les habitudes d'une identité individuelle et les habitudes de la perception et du mouvement. Nous sommes tous familiers de certains modes d'être, de certains schémas, de certaines façons de faire les choses dans notre vie quotidienne, et avec le temps ces habitudes deviennent limitantes, nous aveuglent et inhibent notre cœur. Les habitudes peuvent parfois permettre de rendre plus fluides certains aspects de notre vie, mais le manque d'attention favorisé par les routines et par la fausse impression de stabilité des objets, des situations et du temps, voilent la fraîcheur et l'immédiateté au travers desquelles l'intention de l'essence rayonnant comme ses manifestations se voit plus clairement.

Pour aller au-delà des tendances habituelles, il est nécessaire de vouloir les abandonner. Nous pouvons commencer par abandonner des petites choses. Choisissez une activité que vous faites chaque jour, par exemple vous brosser les dents avec la main droite ou mettre votre chaussure gauche en premier, et faites l'opposé. Rompre avec une habitude de cette façon peut au début nous sembler bizarre ou drôle, mais avec le temps cela deviendra automatique. À ce moment, laissez tomber cette nouvelle habitude et revenez à l'ancienne et choisissez une nouvelle habitude à changer. Progressivement, choisissez des habitudes de plus en plus grandes. Faites cela sur une période d'années. Bien que ces changements puissent sembler curieux et fantaisistes au départ, si vous persistez, ils modifieront d'une façon subtile mais profonde votre façon d'être. C'est comme court-circuiter le mental. L'on commence à voir au travers des tendances et des schémas de saisie, et l'on en devient moins attaché, ce qui amène plus de liberté. Laisser tomber les habitudes volontairement ou comme un jeu nous donne confiance en notre capacité de changer. Nous devenons plus légers et plus libres, telle la glace redevenant eau. Sans plus être fixé ou rigide, nous sommes moins conditionnés par l'histoire de notre identité, "moi toujours" ou "moi jamais" etc. Les caractéristiques de ce que l'on pense être perdent de leur force et les habitudes du soi et de ses demandes nous influencent moins. Alors que nous sommes à l'aube de grands bouleversements, il est très précieux de changer volontairement nos habitudes avant que nous n'y soyons obligés. Il est plus facile de s'adapter aux grands changements d'une façon constructive et créative si nous ne sommes pas prisonniers de nos habitudes ou de notre façon de voir les choses. L'on se rend compte facilement de cela en voyant les récits de personnes qui se sont trouvées en situation de survie, ayant perdu tout ce qui faisait la routine et le confort de leur vie, sentant qu'elles n'ont plus rien à quoi s'accrocher. Se sentir déboussolé du fait d'une perte soudaine des habitudes constitue un fardeau supplémentaire s'ajoutant à ce qui est d'ores-et-déjà une situation de vie ou de mort. Nous aurons beaucoup plus de chances de survivre et de nous adapter si nous savons comment vivre au sein du monde naturel, avec un cœur fluide et ouvert, étant capable de reconnaître avec sérénité tout ce qui nous est déjà offert plutôt que de se sentir submergé par la peur, ne voyant que ce qui nous manque.

Abandonner

S'asseoir la nuit

S'asseoir la nuit dans un lieu propice et attendre l'aube peut nous extraire très directement de notre monde habituel en nous plongeant dans la présence de la nuit. En s'asseyant seul en l'immensité et en l'obscurité de la nuit, l'on se connecte à la profondeur de l'inconnu. Les limites s'évanouissent et l'on devient conscient de la fragilité de notre existence. La lumière des étoiles nous touche au travers des vastes distances de l'espace. La lumière de la lune adoucit les détails, transformant les constructions familières de notre monde en fragiles coquilles d'ombre et de pâle lumière. S'en remettre au silence et à l'obscurité de la nuit nous fait fusionner avec l'immensité, délicate et éphémère comme une étoile qui brille, transparente comme la nuit elle-même, reflétant la profondeur de l'essence au-delà de son rayonnement.

La nuit recouvre beaucoup de choses que nous avons l'habitude d'expérimenter à la lumière du jour, mais le sens de l'ouïe, la conscience tactile de la peau, et l'expérience intérieure du cœur sont tous accrus. Nous devenons plus sensibles aux énergies du lieu dans lequel nous sommes assis, pas seulement au terrain et aux plantes, mais nous pouvons aussi ressentir les êtres se déplaçant dans le paysage, les animaux de la nuit et les niveaux de tensions accompagnant leurs pulsions.

S'asseoir dans la nuit ouvre l'esprit au-delà des perceptions ordinaires et approfondit l'expérience du cœur, ressentant d'une façon palpable comme vivant tout ce qui est autour de soi. Même l'obscurité est vivante.

Grâce Primordiale

Attendant dans la présence silencieuse de la nuit, ayant perdu tout ce qui nous fait être aveugle à cette vision plus vaste, demeurant avec la nuit, notre cœur s'ouvre telle une prière se répandant sur la Terre. Pleinement immergé dans la nuit, avec la motivation que tous les vivants puissent reconnaître en eux-mêmes l'essence, notre cœur peut toucher les étoiles. Et l'esprit s'abandonnera d'autant plus que le cœur deviendra plus vaste, aussi certainement que l'aube viendra.

La mort

Dès que l'on s'assoit dans la solitude, et particulièrement la nuit, l'on peut faire l'expérience de notre mort inéluctable. Tout ce qui se manifeste se dissipe en un processus continuel. Chaque instant, chaque respiration comprend un monde entier, un cycle entier de création et de dissolution. La mort est un compagnon continuel. La mort fait partie de tout changement. L'acceptation à un niveau profond de la présence naturelle de la mort permet à la totalité des énergies et étapes de la vie de se dérouler d'une façon plus libres. Elle permet aussi de rencontrer plus directement l'essence dans notre expérience. Reconnaître la réalité de la mort nous donne la capacité d'accepter les pertes et les deuils comme faisant partie du cycle de création de la vie. Ainsi, nous ne restons pas englués dans la frustration s'attachant à nos proches qui sont partis ou aux opportunités que nous avons laissées passer dans le passé, mais nous nous ouvrons de plus en plus à de nouvelles situations, sans plus craindre où elles nous mèneront ni si elles perdureront. Le sentiment sincère que notre mort peut arriver n'importe quand peut nous rendre plus vivant maintenant.

La mort est un agent actif du cycle de la vie. Naissance, développement, maturité et mort sont des facettes de la manifestation de l'essence grâce auxquelles on peut apprendre et faire quoi que ce soit dans ce monde. Les problèmes et les peurs qui émergent viennent du déni de la dynamique sous-jacente à cette expérience. Le déclin amenant à la mort est universel, et la façon dont on perçoit la mort est un indicateur de la façon dont on se relie aux changements venant du processus de transformation inhérent à la vie elle-même. Ressentez cette réalité, dimension bouleversante et éphémère de toute vie. Touchez-la de tout votre être et ainsi cet esprit qui se croit important avec ses certitudes abandonnera sa mainmise sur le cœur. L'esprit ne sera plus le facteur contrôlant de votre vie, et son rôle sera ramené à sa fonction naturelle, un simple outil à utiliser lorsque nécessaire.

Le fait que l'esprit abandonne son contrôle permettra aussi d'affaiblir le concept d'un soi permanent. Lorsque l'on solidifie l'expérience et que l'on se coupe de la nature impermanente de la vie et des enseignements qu'elle nous offre, l'on peut de ce fait avoir l'impression que l'on a beaucoup de temps, ce qui atténue le sentiment d'urgence nécessaire sur un chemin spirituel. La mort est une véritable amie. S'asseoir avec la nuit et notre mort inévitable clarifie notre relation à l'intention de l'essence et le but de notre cœur, cela nous aide à nous connecter à l'intention au centre de notre être, et apprend à l'esprit à s'effacer pour que le cœur puisse s'épanouir.

Simplifier sa vie

Tous les êtres ont des tendances habituelles, et les humains ont non seulement des conditionnements individuels mais aussi des conditionnements complexes au niveau sociétal. Nombre de ces conditionnements plus globaux se révèlent être très destructeurs pour la Terre. Si l'on est engagé dans une dynamique de changement de nos habitudes, l'on peut aussi considérer, par respect pour la terre, d'opérer de plus gros changements concernant notre mode de vie, retourner en arrière, se désengager d'une certaine modernité : l'électricité, les produits à base de pétrole, faire ses besoins dans l'eau, l'agriculture chimique, les OGM, la nourriture pré-cuisinée ou emballée, les technologies fondées sur les terres rares, etc. Ces changements peuvent se produire naturellement lorsque le renoncement grandit en soi, ou bien lorsque l'on est engagé dans une dynamique de rompre des habitudes, ou encore lorsque l'on prend conscience de la mort. Mais peu importe la façon dont on y vient, ces changements sont des actes puissants et plus que nécessaires. La façon dont on se relie à la Terre se reflète dans notre cheminement spirituel et dans nos choix à tous les niveaux, depuis la façon de se nourrir et de vivre jusqu'à nos croyances les plus profondes affectant notre développement spirituel.

Qu'elle soit harmonieuse ou difficile, notre vie dans sa globalité ainsi que l'ensemble de nos choix et de nos expériences sont déjà un chemin spirituel. Nous pouvons choisir de rendre notre vie encore plus compliquée et de partir dans encore plus d'élaborations incluant celles de l'esprit, ou nous pouvons aussi la simplifier pour mieux entendre la voix primordiale de la grâce se reflétant dans le cœur de toute vie.

Dans notre monde contemporain où la complexité de l'esprit s'accélère, ce qui constitue le fond de notre expérience est souvent obscurcie. Le cœur originel, souffle rayonnant de l'essence du vivant, ne se réalise pas au travers de systèmes conceptuels mais par l'expérience directe. La présence lucide, rayonnant d'instant en instant de cette vision émergente que nous appelons vie, ne se découvre pas au travers de fabrications mentales, mais en simplifiant notre vie afin de s'ouvrir à la subtilité de son appel.

C'est pour cette raison que de nombreuses personnes engagées sur un chemin spirituel font des moments de retraite. Nous pourrions nous trouver en situation de faire une telle retraite formelle à un certain moment dans notre parcours, mais le véritable travail spirituel ne commence pas là. La dynamique de toutes les expériences qui conduisent en retraite fait partie intégrante du processus de la retraite et a beaucoup de conséquences sur le pourquoi nous sommes en retraite et si nous allons y rester, notamment dans les moments difficiles. Une véritable retraite commence bien avant que d'entrer dans un espace-temps fermé pour quelque sorte de pratique. Le cheminement spirituel est le voyage d'une vie, et simplifier sa vie offre de l'espace pour pouvoir entendre le cœur de toute vie et suivre cet appel à une expérience fusionnelle, un retour à l'état naturel, notre droit de naissance, notre mode d'être primordial.

Renoncement

Le véritable renoncement n'est pas quelque chose que l'on s'impose. Il vient de lui-même après des années et des années d'abandon de l'attachement aux habitudes et aux émotions et de reconnaissance de notre connexion avec l'essence. Le fait d'abandonner coupe court aux aspects de la vie que l'on tient pour acquis, et au fil des années, l'on découvre que l'espace qui était auparavant rempli par les habitudes et les élaborations est désormais ouvert et libre. L'on ressent plus de connexion avec toute vie, moins de séparation, plus d'ouverture ; le chemin est moins obstrué. Progressivement, l'on commence à laisser tomber nos habitudes les plus grossières. L'on s'en éloigne facilement, en douceur, sans regarder en arrière. Ce renoncement est une façon d'être, non pas un état figé ; c'est un mouvement continuel d'abandon qui vient du cœur lorsque l'on a commencé à polir notre sphère individuelle d'existence. Il vient naturellement de la joie de cette grande vision émergeant pour accomplir sa propre réflexion. Il s'accompagne d'une ouverture et d'une fluidité permettant de plus en plus d'espace au sein duquel la conscience spirituelle peut se développer et être ressentie et expérimentée. Et alors que de plus en plus d'habitudes sont abandonnées, nous sommes en retour empli de la réceptivité grandissante de notre cœur.

L'ouverture et la fluidité se développant, il est nécessaire d'être attentif à ne pas affaiblir notre expérience en l'exprimant trop tôt avec des mots, que ce soit à soi-même ou aux autres. Il ne s'agit pas de garder des secrets mais d'honorer ce qui est nouveau à l'intérieur et d'offrir à notre cœur l'espace pour grandir et s'épanouir sans être structuré et freiné par des mots et des concepts. Il s'agit de laisser tomber le besoin de renforcer une identité et de solidifier le processus de changement avec de nouvelles histoires. Le développement spirituel est un art, laissant une nouvelle dimension de notre vie spirituelle se déployer. C'est comme être dans un studio d'art et permettre à une œuvre de prendre forme à sa manière. Si vous atteignez un stade auquel vous avez vraiment besoin de parler de l'expérience de votre vie spirituelle, faites-le avec un guide authentique avec lequel vous avez une profonde connexion de cœur, ou bien allez dehors dans un lieu de cœur et parler avec la Terre, parlez avec un arbre ; ils connaissent la patience et la lente et continuelle maturation, ils connaissent le silence de racines fortes.

Donner

Alors que l'on se détache de nos habitudes, abandonner nos possessions et les donner aux autres est une merveilleuse façon de soutenir et de dynamiser notre vie spirituelle. La taille ou la quantité importe peu ; cela peut être une petite portion de repas offerte à un moineau, mais cette offrande, même modeste, peut nous ouvrir profondément. À chaque fois que nous déménagions ou que nous faisions des changements dans notre vie, nous donnions des choses. Même lorsque nous avions peu de possessions, nous continuions à les offrir lorsque nous déménagions. Notre offrande était non seulement une prière pour le développement spirituel, mais aussi une prière pour l'harmonie de toute vie, une prière de gratitude pour la totalité de cette vision sacrée qui se déploie, pour la beauté autour de nous et pour la chance de suivre les leçons qui nous étaient données à chaque étape de notre voyage. Le don et la gratitude ont allégé notre poids, ouvert notre cœur et éclairci notre chemin.

Dans notre société extrêmement matérialiste, les personnes sont trop souvent possédées par ce qu'elles pensent posséder. Elles appartiennent à leurs possessions et s'identifient à elles. Il n'y a en fait pas vraiment de propriété ; les choses sont juste avec nous de façon temporaire. Lorsque nous abandonnons le fardeau de la possession, le mensonge de la propriété, nous nous ouvrons à la possibilité d'entrer dans une appartenance plus vaste, celle de faire partie d'une plénitude plus grande, inconnue et inconnaissable, imprégnant toute chose. Les dons et les mercis sont des tremplins vers l'unicité ; chaque pas approfondit l'expérience, ouvrant le cœur à l'univers. Offrez votre cœur et remerciez la totalité de la manifestation sacrée de l'essence, la gloire et la grâce naturellement et continuellement présentes. Donner est une prière pour que cette grâce continue de nous guider, de nous confronter et de nous enseigner à chaque pas. Faites des offrandes au vent qui ondule dans les herbes, adressez des prières à la terre, rendez grâce au ciel afin que vous puissiez vous ouvrir aux vastes enseignements qui sont devant vous, alignant votre cœur avec la générosité de l'intention de l'essence.

Ouvrir son cœur

Dans toutes ces pratiques d'abandon, il y a l'idée de sortir des paramètres et des perceptions habituels et de s'ouvrir à une vision beaucoup plus vaste, une vision qui ne peut pas être déterminée ou définie en des termes particuliers et qui peut seulement être ressentie et expérimentée sur un mode réceptif. C'est le royaume du cœur. Les peuples premiers situent naturellement la connaissance dans leur cœur, comme avec ce geste explicite où la main part du cœur pour exprimer la compréhension dans le langage des signes amérindiens. De nombreux peuples de la Terre reconnaissent le cœur comme le centre de la véritable connaissance. S'en remettre à la sagesse de notre cœur c'est accepter héritage inné d'une connexion naturelle avec le cœur de toute vie.

Le royaume du cœur

La qualité du cœur est sans limite, hors de tout jugement et comparaison. Elle n'est pas séparée de la vision que nous appelons cette vie. C'est une porte naturelle vers le cœur originel. Notre cœur sait comment répondre à l'immensité d'un ciel bleu car nous faisons tous un avec cette vision, nous en faisons partie, amour entier. Cette unicité qui est ici et maintenant tout autour de nous est ressentie directement dans le cœur. L'énergie du cœur est semblable à l'eau, que ce soit une rivière, un étang, un lac ou un océan, chaque molécule d'eau est unie à toutes les autres formant ainsi une seule molécule en essence. Et comme l'eau, la fluidité ininterrompue du cœur est extrêmement réceptive à la fluidité au sein de la trame du vivant. Nous sommes déjà en continuité avec toute vie ; nous devons simplement le reconnaître.

Les émotions irradiant de chaque être vivant touchent tous les autres êtres, elles ont un effet. Le cœur n'est pas neutre, il est impliqué. Une grande partie du stress dans les relations humaines de la société moderne vient de la tentative de refouler nos émotions ou celles que nous recevons des autres. Mais les émotions sont précieuses. L'amour, la compassion, l'appréciation, la gratitude sont les véritables actions du cœur. Ces émotions sont des voies conduisant à la vaste connaissance qui dépasse les mots et les concepts. Ressentir de la gratitude pour chaque aspect de cette grande vision qui se manifeste ouvre notre cœur.

Ouvrir son cœur

L'affection véritable, l'amour véritable, la gratitude véritable sont des forces puissantes ; elles peuvent déplacer des montagnes, elles peuvent conduire à la réalisation.

Certaines personnes ont des zones d'ombre dans leur cœur, quelque chose qui s'est produit dans le passé, que ce soit dans l'enfance ou à l'âge adulte, une blessure. Cela se situe parfois dans le cœur comme un point aveugle, une douleur ou une insensibilité que l'on tente de fuir. La façon la plus simple, la plus efficace et la plus directe de la dépasser et d'atteindre la vastitude naturelle du cœur est de s'asseoir avec la Terre sur un bon lieu, une place de cœur. Une fois assis, vous pouvez amener votre attention sur le mouvement de la respiration au travers du cœur, pendant quelques instants ou plus longuement, puis évoquer un intense sentiment d'amour et d'appréciation. L'opérativité vient du fait d'être dans son cœur avec la Terre, il ne s'agit pas de visualiser ou d'imaginer mais de se sentir vraiment centré dans le cœur, ressentant vraiment l'amour, ressentant vraiment l'appréciation, ressentant vraiment la réciprocité tangible que la Terre nous offre en ce lieu. La respiration constitue un support et un moyen d'entrer dans l'expérience. L'amour, l'appréciation et la relation à la Terre sont essentiels. Vous pouvez faire de cela une pratique ; elle se fondra dans la douleur. Vous serez progressivement capable de maintenir ce sentiment d'amour et de le diriger vers les autres, élargissant la sphère de ceux que vous aimez, fusionnant avec l'énergie nourrissante de la Terre et embrassant tout être, toute vie.

Le royaume de l'intellect

Dans notre monde contemporain, les gens sont pour la plupart perdus dans l'esprit linéaire, dans l'intellect pollué et fasciné par ses propres élaborations et certitudes, et sont coupés de leur cœur. De nombreuses personnes engagées dans un cheminement spirituel depuis des années se retrouvent aussi enfermées dans leur mental et n'ont pas abandonné le monde créé par lui.

L'esprit conceptuel est opaque, dense, isolé et séduit par lui-même. Il ne peut pas concevoir hors de sa propre vision. Il demeure prisonnier d'une salle de miroirs, piégé par sa propre complexité et déconnecté de l'expérience directe, prenant ses interprétations de l'expérience pour la réalité. Cela atteint son apogée avec les philosophies dans lesquelles toutes les expériences sont considérées n'être que des projections de l'esprit, ce qui est une autre expression de l'auto-fascination de l'esprit. Sans même considérer cela du point de vue philosophique, l'esprit est dans tous les cas perdu dans un imaginaire qu'il prend pour la réalité, décalé neurologiquement d'un trentième de secondes de retard avec toutes les informations sensorielles entrantes et isolé par la superposition continuelle d'une couche interne pour masquer ce trentième de seconde. C'est le "je connais cela", réflexif, qui comble ce décalage et qui donne à l'esprit l'impression de connaître dans une continuité.

Il y a littéralement et en permanence une déconnexion créant une vision du monde qui ne voit qu'elle-même, jugeant toute chose avec ses propres critères et écartant tout ce qui n'y correspond pas. Et cela a conduit l'esprit moderne, tellement perdu dans ses élaborations, à oublier la capacité d'écouter avec le cœur. L'intellect devrait être un soutien pour que la sagesse du cœur puisse s'exprimer. Au lieu de cela, l'intellect a outrepassé sa fonction naturelle. Il a pris le dessus et est devenu virulent, tel un parasite qui ne se soucie plus de tuer son hôte.

Après que les civilisations agricoles ont émergé, elles se sont de plus en plus coupées du rythme plus fluide et non contrôlé de la vie naturelle, l'esprit séparant le flot naturel de l'existence en sacré et profane. L'expérience spirituelle s'est trouvée intégrée au sein de structures particulières mimant le monde naturel. L'appel instinctif du cœur des mystiques de tout temps à s'immerger en profondeur dans le monde sauvage pour établir une connexion directe avec la dimension sacrée inhérente à toute vie fut récupéré et relégué à des temples consacrés, non pas en tant que partie de la continuité ininterrompue de la vie, mais en tant que quelque chose d'autre, une image fabriquée du monde naturel, et souvent en tant que monuments représentant le pouvoir et l'autorité.

Ces lieux coupés de la nature mais destinés à refléter l'expérience spirituelle, telles les formes vertigineuses des cathédrales, des temples et des mosquées, évoquèrent la présence des grands arbres de la forêt et la voûte céleste, et plus tardivement les vitraux imitèrent la radiance intérieure de la lumière arc-en-ciel. Des matériaux venant de la manifestation naturelle furent utilisés pour renforcer l'idée d'une séparation avec cette même manifestation, et que la doctrine et l'autorité étaient supérieures à l'expérience directe dans le monde sauvage. Le monde naturel était devenu suspect, quelque chose qu'il fallait contrôler et garder à distance. La Terre et la nature alors devenues profanes, furent désormais considérées comme étrangères et dangereuses.

L'émergence de l'agriculture et des structures qui sont apparues avec elle a eu des répercussions considérables sur la façon dont nous percevons notre monde et dont nous nous percevons. Le mouvement naturel du temps cyclique devint l'histoire linéaire : la vie réduite à une ligne, une ligne en spirale au mieux, contenue entre deux points, suspendue entre ici et là, avant et après. Nous avons perdu la dimension globale omniprésente de l'éternel présent et du cœur. Au lieu de nous mouvoir à travers le temps et l'espace avec la vision grand-angle du cœur, ouverts aux changements subtils et perpétuels de notre environnement, nous avons commencé à essayer de posséder et contrôler le monde, rasant des zones et y cultivant seulement certains types de plantes. Nous avons disposé ces plantes en rangs, canalisé le cours naturel de l'eau, et exilé les plantes qui ne nous servaient pas ou plus.

Sans plus se mouvoir au sein de la grâce et du changement, nous avons cherché à fixer le sol, les rendements des cultures, la météo, les ressources en eau et même notre propre esprit. Des religions sont apparues pour offrir des pouvoirs magiques et agir comme facteurs de consolidation des richesses et des ressources dans les mains d'une petite élite, celle de la classe dirigeante émergeante. L'expérience spirituelle, qui n'était plus désormais une question d'ouverture et de perception claire de l'expérience directe, fut éclipsée par le besoin d'imposer des schémas et des certitudes intégrés au sein de rituels soutenant nos efforts à nous contrôler les uns les autres, et à contrôler et refaçonner notre monde. Nous avons recherché la structure et la stabilité et sommes devenus méfiants de la fluidité et du changement. Des rangées et des rangées de cultures identiques nécessitèrent des circonstances identiques pour être dupliquées de façon fiable sans graines étrangères. La pluie se devait de venir au bon moment, mais pas en trop grosse quantité et jamais durant la moisson. L'esprit tunnel apparut dès les premiers temps de l'agriculture avec un besoin de cibler, répéter et imposer un schéma spécifique d'interaction à sens unique à un monde aux interactions naturellement fluides. Les rythmes informant la vie n'étaient plus ceux de l'acceptation de la grâce et de l'ouverture à l'imprévu mais ceux de l'exclusion et de l'exigence. Nous nous sommes coupés de la vie et par là-même nous nous sommes isolés du rythme naturel de notre cœur et de ses champs de résonance.

Au lieu de vivre et de nous mouvoir au sein de la dimension sacrée de l'origine, nous avons essayé de devenir des petits dieux, se posant en chefs de nos petites parcelles taillées au sein d'un tout généreux. Propriété, hiérarchie, statuts et doctrines, classant et calibrant avec l'esprit plutôt que ressentant avec le cœur et sa vaste étendue de nuances. Nous avons été drogués au charme du pouvoir de l'esprit depuis si longtemps que nous considérons cela comme faisant partie de la nature humaine alors qu'en fait il n'en est rien. Il y a de nombreuses façons de percevoir et de communiquer en dehors des routes neuronales du cerveau. L'énergie électromagnétique se déplace facilement et rapidement au travers des galaxies. Elle peut être perçu dans le rayonnement de fond de l'univers, signature de la nature cyclique du cosmos, mais aussi dans la pulsation de la Terre ou dans les battements de cœur du plus petit insecte. Le cœur est le générateur le plus puissant d'énergie électromagnétique dans notre corps, produisant beaucoup plus d'énergie électromagnétique que le cerveau. Le cerveau va naturellement s'ajuster au cœur et à la Terre si nous sommes centrés dans le cœur plutôt que dans la tête. La fréquence de résonance de notre planète mère la Terre est de 7,83 Hz, une fréquence associée avec les ondes alpha en lien avec la créativité et la guérison. Le choix de redevenir présent à partir du siège naturel de notre âme pour guérir et restaurer la relation originale entre l'esprit et le cœur nous remet littéralement en contact avec le cœur de la Terre.

Et d'une façon ironique, à une époque sur Terre où les ressources naturelles sont en train d'être épuisées ou détruites à un rythme accéléré, une des façons de se réaligner avec la fréquence de notre Première Mère et de soigner est de cultiver un jardin. Planter et entretenir un jardin offre un moyen de combler le fossé grandissant entre notre vie et le cœur de la Terre. Jardiner en étant respectueux et ouvert à la dynamique et aux cycles des plantes et du sol, comme dans la voie de l'agriculture naturelle de Masanobu Fukuoka, peut nous connecter d'une façon très directe à la générosité et à la sagesse de la Terre et nous aider à rendre de nouveau sacré notre relation fondamentale avec la vie. Jardiner comme un acte réciproque de coopération peut aider à guérir la rupture entre la vie quotidienne et la vie spirituelle, et soutenir un chemin de libération du cœur de la culture de l'esprit.

Plénitude du cœur et pleine conscience

Dans une culture dominée par l'intellect, poser l'esprit afin qu'il se contemple et se recherche peut être délicat. L'esprit peut être un obstacle si on le laisse diriger, si on le laisse se focaliser sur lui-même.

Le cœur est le siège du développement spirituel, le lieu de l'expérience directe, le point essentiel, la vision authentique, la porte vers le mûrissement fluide et fusionnel inhérent à toute vie. Les pratiques du cœur impliquent une ouverture naturelle, une qualité de relation nourrissante et complète. La dynamique de cette plénitude du cœur n'est pas la même que celle de l'esprit s'observant lui-même ou observant ce qui est fait. Faire une journée de pleine conscience, vérifiant et revérifiant sa pratique, maintenant une vigilance attentive à partir de l'esprit, referme la connexion avec le cœur. Cela mène à la notion intellectuelle ou au concept que le progrès spirituel est une création de l'esprit, une ouverture fabriquée, le dôme de la cathédrale plutôt que le ciel.

La plénitude du cœur est une dynamique différente, une dynamique d'abandon à l'ouverture, permettant au cœur d'être la base de l'expérience. Tout ce qu'il y a à faire est de revenir au cœur, à chaque instant. C'est là que l'on se rapproche de l'état naturel, cœur originel, souffle essentiel de la trame du vivant. La Terre est tout cœur, et ainsi aller dans un lieu sauvage ou n'importe quel environnement naturel avec la vision grand angle et la marche de la Terre est extrêmement utile et nous ramène en notre cœur sans le poids des concepts, des notions ou des doctrines, laissant notre cœur fusionner avec le cœur de la Terre et avec tout ce qui se manifeste naturellement de l'essence. L'intention rayonnante de l'essence est le cœur.

Revenez à votre cœur comme un mode d'être, et non pas comme une construction de l'esprit. Fusionnez avec la vision qu'est cette vie et devenez une partie de la plénitude du cœur de tout vivant.

Entrer de nouveau dans le cœur

Beaucoup d'entre nous avons été élevés et éduqués d'une façon qui nous a conduit à l'erreur de penser nos sentiments, notre connaissance et notre pratique spirituelle. Un grand nombre ont été tellement endoctrinés et conditionnés à cela qu'ils ne vivent pas d'expériences ou de moments de conscience authentiques, et n'ont pas le souvenir d'en avoir vécu. Trop souvent, la tristesse et le deuil sont les seules portes laissées pour accéder au cœur, et elles sont souvent niées ou refoulées. La tristesse et le deuil peuvent être de puissantes ouvertures permettant à une autre façon d'expérimenter d'émerger. Même si de nombreuses personnes essayent de fuir la douleur, ces émotions offrent un vide permettant à une nouvelle forme de perception de s'épanouir. Cette habitude de distanciation face à nos émotions se développant de plus en plus, elle a pu être la source de nombreux évènements disharmonieux dans notre vie qui ont à leur tour renforcé le réflexe de se refermer émotionnellement et de voir le monde à distance en l'intellectualisant. Il est important pour une vie authentique et le développement spirituel d'être capable de distinguer l'expérience filtrée du mental de l'expérience directe du cœur.

Le cœur parle au travers d'images qui émergent avec fluidité, d'une façon organique, inséparables des sentiments et d'une intelligence au-delà des mots. Au plus l'on embrasse la Terre avec notre cœur au plus cela devient clair. L'intellect utilise des mots et peut visualiser, mais ses images sont différentes. Elles ont souvent une qualité cristalline, et sont construites sur la base de concepts et de notions de valeurs, classant plutôt que ressentant intuitivement. Il est nécessaire de reconnaître la différence entre les étiquettes, concepts et jugements de l'esprit et les perceptions du cœur, plus ouvertes, inclusives et pénétrantes. Ces perceptions nous parlent. Quoi que l'on fasse, il est important d'être attentif au fonctionnement de notre esprit à partir de la vision du cœur, et de prendre conscience comment l'esprit peut saisir et s'accrocher à toute chose, créant des barrières au lieu d'ouvertures. Il s'agit d'écouter ce que les émotions et les sens nous racontent au-delà des mots. Il est nécessaire de revenir au cœur et de commencer à ressentir de nouveau, quelle que soit la douleur qui peut s'y manifester de prime abord, afin de retrouver l'expérience directe et la sensibilité.

Sans ces habitudes de perception qui étouffent les qualités du cœur, l'on entre dans l'espace d'une intelligence généreuse, océanique et pourtant simple, vaste et pourtant personnelle. L'on commence à expérimenter une ouverture sans limite, une cognition fluide, une réceptivité humble qui embrasse toute chose. Nous touchons, communiquons avec, et sommes enseignés par la radiance de l'origine dans ses myriades de formes, depuis les cellules de notre cœur, les gouttes de rosée dans l'herbe, la sensation de la main, jusqu'au rayonnement des étoiles dans le ciel de la nuit. L'ouverture authentique est réciproque. Nous ne sommes pas seuls, nous vivons au sein d'un univers dynamique, interactif et conscient, une danse de perceptions qui rencontrent et interagissent avec

Grâce Primordiale

d'innombrables autres perceptions d'innombrables autres vies. Notre esprit peut croire qu'il est seul dans le monde de ses projections, mais ce n'est pas le cas. Nous sommes interreliés, tel le brin essentiel d'une lumière vivante au sein de la trame du vivant. C'est le cœur originel.

Abandonner le connaisseur

Le connaisseur est une des stratégies de l'esprit les plus facilement identifiables pour garder le contrôle. Lorsque l'on en prend conscience à partir de la vision du cœur, il est possible de briser les murs mis en place pour limiter et restreindre l'expérience. Abandonner le connaisseur est crucial sur le chemin spirituel, il n'est pas possible d'expérimenter le cœur originel avec un esprit qui impose un "je sais". Il est nécessaire de venir au cœur originel avec fraîcheur à chaque instant, clair comme la lumière sur l'eau, non entravé par le mental, non entravé par celui qui connaît. Ce connaisseur disparaît progressivement lorsque l'on abandonne le besoin de certitudes, lorsque l'on abandonne le besoin de savoir. Et le connaisseur se dissipant, l'esprit devient réceptif et des aspects de plus en plus profonds du cœur émergent en soi.

Il est nécessaire de prendre conscience de ce connaisseur et de l'habitude d'avoir la sensation de savoir. Il est aussi nécessaire d'avoir la ferme résolution de le laisser tomber et la conviction que ce connaisseur se tient entre soi et une capacité de progresser véritablement sur le chemin. On peut développer de la connaissance dans n'importe quel domaine, et en particulier dans la pratique spirituelle : la marche spirituelle, les rituels de la Terre sacrée, la connaissance des points essentiels de la pratique ou de l'enseignement, l'accompagnement de personnes, le soin de personnes. Il est nécessaire d'abandonner quoi que ce soit que l'on pense connaître sans le remplacer par d'autres certitudes. Le point n'est pas d'être le meilleur dans cette dynamique d'abandon mais de vivre l'expérience avec fraîcheur à chaque fois ; c'est ce qu'est le cœur original, c'est ce qu'est cette vie, totalement fraîche à chaque instant, au-delà d'un connaisseur.

Renoncer à ce connaisseur demande que notre esprit face confiance au fait de ne pas comprendre, et qu'il ait la volonté d'expérimenter notre cœur et notre vie à partir de cette ouverture. Il ne s'agit pas de s'en remettre à une doctrine ou à un système de croyances ni à une nouvelle certitude, un nouveau "je connais cela", mais il s'agit de s'en remettre au fait de ne pas savoir en tant que tel, dans une expérience spacieuse, claire, lucide, sans saisie, fluide et humble. Il faut l'humilité de la Terre pour laisser tomber le connaisseur, pour rencontrer l'inconnu, pour laisser tomber la tendance à se fixer sur de nouvelles certitudes.

Le réflexe de se fixer sur des certitudes est omniprésent. Nous pouvons l'observer dans les domaines de l'art, de l'apprentissage de la vie sauvage, et dans les pratiquants des divers chemins spirituels. Les personnes qui s'attachent à un connaisseur se retrouvent juste à connaître une autre chose. Il faut humilité, courage, et une ferme intention du cœur pour être capable d'expérimenter le monde à partir de l'inconnu, à partir de l'espace du non-savoir, ouvert, connecté, clair, dans une présence lucide qui se sait être à chaque instant de chaque jour dans le flot d'une intention plus vaste, une présence en mouvement au sein d'un chemin de vie qui se déploie telle une vision d'instant en instant.

Ouvrir son cœur

Quitter le royaume de la rigidité pour entrer dans un espace fluide. L'un est inerte, l'autre est flot spontané de l'ouverture donnant naissance à la présence fluide et claire du cœur. Le connaisseur est une expérience au sein de l'esprit, opaque et figé, seulement connecté à lui-même. Le non-savoir est là lorsque l'esprit se retire et permet au cœur de s'ouvrir à sa propre intelligence. L'intelligence du cœur est une sorte de connaissance différente, connectée à toute chose, fluide, claire, vaste et relationnelle, émergeant en soi et autour de soi, une présence naturelle faisant partie d'une intelligence plus large, celle de l'intention sacrée nous conduisant à la reconnaissance du cœur originel sur le chemin vers l'origine.

Grâce Primordiale

Le courage

L'intelligence fluide du cœur, indissociable du cœur de toute manifestation, au-delà de tout concept et doctrine, est la façon naturelle dont s'exprime notre vie. C'est une intelligence qui à la tonalité de l'origine, de la source. Elle est vécue dans le cœur, comme le cœur. Et c'est là que réside le courage, le courage de vivre le chemin du cœur face à la vision généralisée promouvant continuellement la perspective de l'esprit, promouvant la vision d'un monde détruisant le cœur de cette Terre.

Aujourd'hui plus que jamais, cela demande un grand courage de vivre clairement et directement à partir du cœur. L'esprit n'a jamais été contesté, et se développant, il est devenu de plus en plus autoritaire jusqu'à récupérer pour lui-même et mentaliser les qualités positives qui sont le domaine du cœur. Même sans les distorsions et interférences de l'esprit, la vie offre naturellement toute une richesse d'expériences. Le défi est de demeurer dans l'ouverture du cœur, de rester sur le siège du courage, en connexion avec toute vie. Notre relation à l'esprit n'est pas simplement une affaire personnelle : il affecte la vie autour de nous. Le courage de faire face à la domination de l'esprit et de suivre notre cœur est au nom de toute vie : il honore le cœur généreux du tout.

L'intention dans notre cœur

Suivre son cœur n'est pas suivre ses désirs ordinaires : c'est reconnaître une intention lumineuse en soi, rayonnant naturellement du cœur et embrassant tout ce qui vit et toute cette vaste vision qui se manifeste. C'est un reflet de l'intention de l'essence que tous puissent expérimenter cette unicité et suivre sa lumière en sécurité jusqu'à la réalisation. Cette intention ne se découvre pas au travers de pratiques d'ouverture ou de compassion, mais par l'expérience effective de l'ouverture du cœur, en entrant dans ce que nous sommes déjà, le touchant, le sentant, avec une passion en dehors de la pensée, un amour au-delà du désir, et un abandon sans perte.

L'intention de l'essence au sein de la totalité de cette vision qui se déploie est que tous les vivants retournent à l'origine, reconnaissent leur propre véritable nature et suivent le chemin qui les ramène chez eux. L'ouverture en tant qu'intelligence naturelle est un aspect de cette intention plus vaste. Elle émerge telle un sentiment, telle une force dans le cœur, non pas comme l'expression mentale d'un but, mais plus comme une prière sans mots, un anneau concentrique s'agrandissant. Ce reflet de l'intention plus vaste nous propulse le long du chemin vers l'origine. C'est une énergie effective, telle la vie dans une graine sortant et poussant depuis les racines à travers le sol pour atteindre la lumière. Cette intention individuelle n'est pas séparée de l'intention tressée avec la trame du vivant. Elle a la force et la détermination d'une montagne, la fluidité et la vastitude de l'océan, et elle nous mène à la réalisation, la réalité que nous sommes déjà, vécue et expérimentée en notre cœur.

L'intention dans le cœur est fluide, vaste et sans limite. Son fondement est l'unicité. Rencontrer cette intention est rencontrer la force de l'impulsion qui est derrière. Un cœur ouvert nous y connecte, nous permettant de fusionner, de toucher l'union. Un dessein au cœur même de toute chose, afin que l'essence puisse se refléter en soi et en tout vivant. Toute personne qui ouvre vraiment son cœur touche cette vaste prière, sans limite, universelle, un amour hors du temps.

Le choix

L'intention de l'essence au sein de ce monde manifesté inclut la faculté de faire des choix. Nous sommes ici pour apprendre au niveau spirituel, et il y a une décision spirituelle que tout le monde doit prendre, un choix tout ce qu'il y a de plus crucial aujourd'hui avec l'accélération grandissante du mental. Il s'agit de choisir entre aligner notre intention la plus profonde, notre volonté intime, avec notre cœur ou bien de l'aligner avec notre esprit. C'est un choix déterminant : il conditionne le résultat du chemin. Le chemin du cœur nous amène à l'unicité de la véritable réalisation, une fusion hors du temps au-delà de l'union et de la séparation. Le chemin de l'esprit ne nous conduira pas à la pleine réalisation de la radiance, il ne permettra pas que notre cœur fusionne avec le cœur de l'essence. Au contraire, il peut nous conduire dans les royaumes du pouvoir, des élaborations, du formalisme et de l'attachement à une doctrine.

Il est avant tout nécessaire de savoir pourquoi l'on s'engage sur une voie spirituelle. Demandez à votre cœur, soyez très honnête avec vous-même. Dans quelle mesure utilisez-vous la pratique spirituelle pour fortifier plutôt que démanteler une identité personnelle et le sentiment d'être spécial ? Dans quelle mesure utilisez-vous votre pratique pour créer un égo spirituel ? Cultiver une pratique renforçant un esprit opaque ou développant un soi individuel en le revêtant d'expériences ou de prouesses spirituelles nous aveuglera et déformera nos perceptions. Le mental peut nous faire croire que nous avons des expériences spirituelles, il peut contrôler les énergies du cœur et les façonner à ses propres fins, créant des émotions transformées à partir de comparaisons et de jugements qui déforment les véritables valeurs du cœur d'amour, de compassion et de gratitude. Le cœur est le siège naturel de l'être. En perçant à travers la complexité du mental et en invoquant le pouvoir intérieur et transparent du cœur, nous irons naturellement vers des expériences d'ouverture, avec une intention plus forte d'être en lien. Plus d'amour, de compassion et de gratitude s'élèveront spontanément de notre cœur et nous propulseront sur le chemin hors du temps de la fusion avec l'origine.

Persévérance et abandon

L'art de la pratique spirituelle consiste à demeurer dans l'ouverture sans solidifier un nouveau sentiment d'identification personnelle autour de la persévérance sur le chemin. Demeurer dans cette ouverture d'une façon fusionnelle et réceptive et rester connecté plutôt qu'à distance avec tout ce qui émerge dans le champ de cette ouverture est naturel pour le cœur. Pour l'individualité séparée entretenue par l'esprit, la persévérance signifie s'accrocher à une position, à une posture ou à une vision figée, et l'abandonner est synonyme de perte et d'échec. Pourtant du point de vue du cœur, la persévérance et l'abandon forme un ensemble fluide, un mouvement d'union, s'ouvrant librement, fusionnant sans peur, sans faire appel à des notions de vacuité ou de pensées positives pour atténuer l'impact de ce que l'on expérimente, mais en le vivant pleinement de tout son cœur, tel quel, une ouverture enveloppante et embrassante plutôt qu'une mise en retrait. La capacité à demeurer ouvert dans la perspective élargie d'un engagement total vient du cœur. Pour le cœur il n'y a pas de séparation entre la persévérance et l'abandon, ils sont une seule et même action essentielle.

Grâce Primordiale

S'en remettre à notre cœur

Déplacer son énergie en passant d'un mode d'être centré dans le mental à un mode d'être centré dans le cœur est essentiel pour entrer dans l'ouverture vaste et inclusive de notre état naturel. La méditation qui suit peut être utile pour amener l'esprit à lâcher le contrôle et permettre au cœur de revenir au premier plan en tant que fondement de notre expérience.

La première étape consiste à s'établir dans un état de quiétude, semblable à l'eau d'un étang calme. Le mieux pour commencer est de s'allonger en un endroit chaud et confortable. Plus tard lorsque vous serez familier de cette pratique, vous pourrez entrer dans la méditation avec n'importe quelle posture, mais au début, allongez-vous sur le dos avec les mains sur le côté et les jambes décroisées. Prenez un moment pour vous poser, puis prenez une grande inspiration et retenez là, tendez tous les muscles de votre corps en même temps puis relâchez-les complètement en expirant. Il est aussi possible de tendre les différentes parties du corps séquentiellement, en commençant par les pieds, avec plusieurs respirations. Vous finirez par n'avoir plus besoin que d'une seule respiration profonde avec une légère pause et d'une petite tension musculaire pour vous relâcher et vous détendre. Imaginez que vous demeurez sous une douche de lumière blanche et vibrante. Sentez la lumière remplir tout l'environnement autour de vous puis traverser votre corps depuis le sommet du crâne jusqu'aux pieds. La lumière commence à remplir votre corps à partir des pieds vers le haut comme une eau vive et brillante remplissant un verre transparent. Une fois que votre corps tout entier rayonne, demeurez en cette expérience pendant quelques respirations douces. Puis prenez une autre respiration profonde, retenez là brièvement, puis laissez tout tomber en vous abandonnant à votre cœur. C'est une sensation au-delà des mots, hors de tout savoir-faire, l'on s'offre complètement à l'énergie du cœur. Ressentez le poids relâché de votre corps s'enfonçant lentement dans la Terre. Puis à partir de cette sensation de s'enfoncer et de se fondre, vous commencez à vous sentir flotter au-dessus telle la brillance que vous êtes s'élevant du corps pesant. Vous pouvez vous reposer et vous ressourcer dans cette lumière flottante pendant un moment, ou bien vous pouvez poursuivre avec une autre méditation.

Corps de lumière

Une façon simple et pourtant profonde de reconnaître et d'accepter l'ouverture rayonnante déjà présente en nous est de bouger avec elle. Tout d'abord en position debout, centrez-vous et abandonnez-vous à votre cœur, gardant les yeux en vision grand angle. Imaginez à un pas devant vous votre corps comme étant fait de lumière d'arc-en-ciel, translucide et scintillant, faisant face à la même direction que vous. Aucun des problèmes physiques que vous pourriez avoir n'est présent. Toutes les conceptions auto-limitantes ou sentiments d'inadéquation sont aussi absents. Puis doucement faites un pas dans le corps de lumière, comme si vous étiez de l'eau remplissant un verre transparent. Sentez que vous devenez la perfection, scintillant de lumière et voyant au travers d'yeux de lumière.

Demeurant debout, permettez à votre corps de lumière de s'asseoir doucement là où vous êtes tout en tournant d'un quart de tour vers la droite ou vers la gauche en descendant doucement en spirale. Vous voyez clairement à travers ses yeux, vous voyez le changement du paysage alors que le point de vue s'abaisse et tourne. Une fois que le corps de lumière est assis, continuez à regarder le paysage alentour avec ses yeux pendant quelque temps. Puis tout en restant attentif à la vision à partir du corps de lumière, permettez à votre corps physique de s'y asseoir, en tournant en vous abaissant. Une fois que votre corps

Ouvrir son cœur

physique est assis dans le corps de lumière, le corps de lumière se lève doucement en tournant d'un autre quart de tour dans le même sens que précédemment, alors que le corps physique reste assis. De nouveau portez votre attention à la vision venant des yeux du corps de lumière, regardez autour avec ses yeux, puis doucement permettez à votre corps physique de se lever dans le corps de lumière en répétant le même mouvement en spirale. Continuez à vous asseoir et à vous lever ainsi un certain nombre de fois, puis asseyez-vous et demeurez dans cet espace de reconnaissance. Ceci peut être un moyen très efficace de changer notre perception et de reconnaître que nous ne sommes pas enfermés dans notre corps physique ou dans nos états ordinaires de conscience ou nos habitudes d'identification. Cet exercice est particulièrement efficace lorsqu'il est pratiqué en extérieur. Il est possible de voir des détails du paysage avec notre corps de lumière que l'on n'aurait pas vus avec vos yeux habituels, et il est possible d'expérimenter un sentiment de fusion avec le monde naturel que l'on n'avait pas expérimenté jusque-là.

Rêver

L'esprit a tendance à fragmenter et à maintenir l'expérience extérieure et intérieure séparée, mais les expériences du cœur sont interactives et inclusives. Nous partageons un flot naturel d'expérience avec tous les vivants. Alors que nous reconnaissons cette qualité perméable, la subjectivité et l'objectivité perdent leurs limites établies. Nous commençons à effacer la frontière entre la perception et la participation au sein d'un monde dynamique et communiquant. Les rêves, les signes et les visions deviennent des aspects signifiants de notre vie lorsque l'on ouvre son cœur et répond, reconnaissant que nous sommes déjà immergés dans un vaste océan d'expérience en lequel rien est séparé et tout est vivant.

Rêver peut offrir un autre moyen de percevoir en dehors des limites coutumières des sens physiques. Individualité et transcendance, ombre et lumière, passé, présent, futur, possible et impossible, tous les mondes s'entremêlent. Apprendre à s'orienter au sein de cette sphère fluide peut grandement nous aider sur le chemin. Les rêves offrent un espace en lequel nous pouvons changer les habitudes de l'esprit et sa fixation sur la solidité, le temps et l'espace, et peuvent nous aider à reconnaître la dimension visionnaire de toute expérience. Il y a de nombreuses méthodes pour faire appel à cette énergie et de nombreux livres ont été écrits au sujet de techniques pour le rêve. Le choix initial consiste à intervenir dans le processus ou permettre que cela se passe. Il est possible de s'entraîner à devenir conscient que l'on rêve lorsque l'on rêve en repérant un objet ou une scène que l'on a choisi ou sur lequel on a porté son attention avant d'aller dormir, mais cela risque de limiter la portée naturelle des rêves à cause des choix et des préoccupations de l'esprit.

Au lieu de cela, il est possible de rester plus ouvert et attentif à tout ce que le rêve nous présente, en respectant le rêve comme un signe d'une conscience plus fluide hors de l'esprit habituel de l'état de veille. D'une façon très similaire au fait d'attendre des animaux sans attentes ou manipulations, il s'agit de s'ouvrir à une autre dimension de l'expérience, un niveau plus profond de rêve au travers duquel la plénitude du cœur peut aussi nous parler et partager avec nous sa capacité à communiquer spontanément d'une façon fluide et naturelle. Il est possible de trouver dans l'état de veille des moyens de reconnaître l'état de rêve, en faisant des gestes en lien avec le contenu du rêve ou en dessinant des images ou des schémas du rêve. Tout ce qui peut faire savoir au rêve qu'on lui porte attention approfondira notre relation avec les processus qui sont déjà à l'œuvre en soi.

Les signes

En s'ouvrant à notre cœur, l'on devient plus conscient de notre connexion de cœur avec le cœur de toute vie. L'on commence à réaliser les façons particulières par lesquelles l'essence communique avec nous dans l'état de veille. Les signes et les présages émergent comme des messages, expressions rayonnant de l'essence. Comprendre et savoir interpréter ces signes implique une véritable écoute du cœur, et cela peut prendre du temps d'apprendre à voir, à entendre, à sentir, à toucher ces messages sans enjoliver ni projeter. On y parvient par la pratique, en se posant au sein de notre mère la Terre, et en s'abandonnant à notre cœur.

Les synchronicités, les phénomènes naturels et le comportement des animaux et des insectes peuvent nous donner des avertissements, des indices, des directions ou des réponses concernant des choix qui doivent être faits ou signifier des évènements futurs longtemps avant qu'ils n'apparaissent. Toutes les façons de communiquer sont possibles au sein de l'interdépendance vivante de cette vision partagée de la vie que nous appelons monde. Ces signes peuvent émerger pour nous surprendre, pour nous secouer, ou pour nous guider en douceur au travers d'évènements sortant clairement des schémas de la vie quotidienne ordinaire. Les animaux peuvent agir de façon non coutumière, avoir des comportements inhabituels, montrer des signes de familiarité inhabituelle ou entrer en lien avec nous d'une façon particulière, comme un oiseau criant alors qu'il vole bas au-dessus de notre tête ou un renard marchant droit dans notre direction. Lorsque l'on commence à expérimenter cette communication plus profonde, il s'agit d'être attentif aux facteurs variables autour de nous : le moment de la journée, la position du soleil ou de la lune, les directions cardinales, ou toute autre aspect relationnel sur lequel notre cœur porte son attention. Laissez tous ces aspects peindre un tableau que vous ressentez intuitivement. Ne forcez rien, mais laissez l'image se poser en votre cœur ; une conscience et une intelligence en émergeront.

Quête de vision

La quête de vision a été enseignée au sein de nombreuses cultures traditionnelles. C'est une ancienne voie pour s'ouvrir à son cœur et expérimenter une communication plus profonde avec l'essence, susceptible de nous guider pour le restant de notre vie. Il y a de nombreuses façons d'approcher cette pratique sacrée consistant en un moment de solitude dans le monde sauvage. Cela comporte habituellement le fait de jeûner de toute nourriture et dans certaines traditions d'eau également, des préparations diverses, des rituels, et un certain nombre de jours passés dans la quête. Plutôt que d'offrir ici des instructions, nous souhaiterions partager des aspects de ce processus de quête que nous avons trouvés pertinents pour fusionner notre cœur avec le cœur de l'essence.

Alors que vous faites le premier pas dans votre cercle de quête, vous aurez déjà prié pour être guidé et vous aurez remercié toute vie et tous les enseignants. Alors que vous traversez le seuil de la quête de vision, laissez tout en dehors du cercle, toutes les prières, toutes les pratiques spirituelles et toutes les préoccupations et soucis de votre vie. Vous entrez dans une sphère de simplicité, un temps d'ouverture, une immersion au sein de la radiance de l'origine, et votre seule mission est de rester ouvert et présent, afin de voir et d'entendre avec votre cœur les enseignements qui vous seront impartis au sujet de votre vie et de votre chemin. Prêtez attention avec respect à tout ce qui se passe autour de vous. L'intention de l'essence vous parle au travers du monde naturel, au travers des animaux, des oiseaux, des insectes, des plantes, des arbres, du soleil et de la lune, et aussi au travers de la voie visionnaire de votre cœur. C'est véritablement un temps vécu dans le cœur et le fondement de toute expérience. Il y a seulement l'ouverture et votre capacité à attendre, attendre sans remplir l'espace avec quoi que ce soit d'autre, attendre sans attendre, se posant en un espace ouvert et indéfini. Cette expérience conduit à une ouverture encore plus profonde de notre cœur, car il y a une puissance fluide dans cette attente, sentant les rythmes de l'essence, et ouvrant une porte visionnaire.

Il y a de nombreux concepts au sujet des expériences visionnaires, mais le point est d'entrer dans la quête de vision purement à partir du cœur, avec une ouverture à tout ce qui peut se manifester. Regardez et sentez tout ce qui vous est présenté, depuis un coucher de soleil jusqu'au plus petit insecte ou une douce brise. Ouvrez-vous avec gratitude à tout ce qui vous parle avec les innombrables voix de l'essence, concentrant, tels les rayons du soleil sur une seule goutte d'eau, toute votre intention et votre cœur en un unique cercle d'expérience s'ouvrant au-delà du temps.

Grâce Primordiale

S'asseoir dans un lieu maléfique

Dans une quête de vision, l'on s'ouvre à la radiance de l'essence, entrant en résonance avec cette intention primordiale, faisant confiance et fusionnant avec une générosité qui dépasse largement la portée du soi individuel. Dans un lieu maléfique, il s'agit d'apprendre à faire confiance à l'ouverture du cœur face aux forces négatives, résolument non généreuses, hostiles et portant la séparation. S'asseoir dans un lieu maléfique consiste à faire l'expérience de rester dans l'ouverture et l'amour pour toute vie face à la peur. Cela permet de briser les barrières intérieures qui nous ont retenu et de renforcer notre engagement à aller au bout du chemin et devenir bénéfique pour toute vie.

Ce genre d'expérience fait non seulement ressortir notre propre négativité, mais nous met également en contact avec les forces négatives qui se condensent au sein de la trame de ce monde. Certains lieux sont porteurs d'énergies de mauvaises actions ou émotions très fortes, attirées et intensifiées par des forces négatives bien antérieures à l'activité humaine. Les esprits sont aussi souvent attirés par ces énergies et peuvent s'attacher à ces lieux. Ils peuvent être aperçus comme des lumières ternes ou des ombres et sont aussi variés que la diversité d'émotions ou d'énergies vers lesquelles ils sont attirés.

L'unique point, le plus important, de cette pratique est de connaître notre but, l'intention de notre vie spirituelle. Lorsque l'on entre sur le chemin spirituel, on se concentre en général sur le développement des qualités positives et des bonnes circonstances pour soi et pour les autres. Lorsque la connexion avec l'intention en notre cœur se renforce, on fait confiance à cette connexion, et la pratique devient une prière vivante intégrée à l'intention rayonnante de l'essence, une prière pour toute vie, une prière pour que tous les vivants, positifs ou négatifs sans jugement, reconnaissent et retournent à l'état fusionnel de l'unicité. C'est un amour profond, un reflet même de la compassion qui nous a fait grandir. C'est cet amour essentiel qui peut tenir à distance tous les démons de l'espace. Cette intention ne consiste pas en un quelconque pouvoir pour maîtriser ou subjuguer, mais plutôt une force de compassion, un amour cellulaire qui entre dans le cœur de tout vivant, une intention au-delà du soi, omnipénétrant.

Il est mieux de s'asseoir avec les énergies négatives en étant guidé par un sage expérimenté qui peut nous installer en un lieu approprié pour notre développement spirituel. Puis il s'agit de rester seul, le plus souvent la nuit en un lieu isolé ou dans un bois, dans un environnement qui est négatif, mais pas extérieurement dangereux. L'on demeure avec notre intention, faisant face non seulement aux forces négatives autour de soi, mais aussi à la nature non contrôlée de notre esprit. Cette expérience nous pousse à réaliser comment l'esprit surajoute de lui-même à ce qui se déroule extérieurement dans toute expérience. Si l'esprit reste en retrait et s'aligne avec l'ouverture naturelle du cœur, amour vaste dont l'intention est d'être bénéfique à tous les vivants au sein de cette vision partagée de la vie, alors les entités négatives qui apparaissent nous éviterons. Il est possible qu'elles nous testent, qu'elles nous poussent dans nos retranchements, mais elles finiront par s'apaiser, leur pouvoir affaibli par l'amour se déversant sur elles. Au contraire, si nos pensées fuient avec peur, colère ou d'autres émotions ou sentiments négatifs, les entités grandiront en force. Elles nous harcèleront, submergeront notre esprit ou même provoqueront notre mort. En s'asseyant en un lieu maléfique, il est possible lorsque l'on expérimente directement la profondeur de l'intention au sein de notre cœur et la dissipation des forces négatives de découvrir une confiance authentique dans le pouvoir de la pratique spirituelle. Il est aussi possible d'élargir sa vision des forces négatives elles-mêmes, les voyant comme des enseignants. La réalité de cette vie est que la radiance de l'essence nous pousse et nous attire sur de nombreuses voies pour nous guider et nous enseigner.

Le Charnier

Le charnier recouvre une dynamique plus large que le fait de s'asseoir dans un lieu infernal et effrayant. Les lieux de crémations de l'Inde ancienne étaient situés à la périphérie des villes et étaient vénérés par les pratiquants spirituels de nombreuses traditions. Au milieu des cadavres en putréfaction, des os éparpillés, des esprits errants et de la puanteur due au pourrissement, les pratiquants trouvaient aussi des fleurs sauvages, des oiseaux chantant, l'ouverture du ciel, des forêts d'arbres odorant. Ils trouvaient une liberté naturelle en ces lieux non cultivés, non fabriqués, une intensité avec le danger, la mort, et une beauté sauvage, à la fois délicate et brute, présente en ces lieux rarement fréquentés exceptés par ceux qui cherchaient à sortir de la domination de l'esprit et se connecter au cœur. Le charnier est à la frontière entre le véritable monde sauvage et les structures culturelles, le point de rencontre du connu, de l'inconnu et du non connaissable. C'est un lieu d'abandon, un lieu de mort, de cadavres, un lieu des forces du déclin, un espace permettant la dissolution de l'esprit opaque et conditionné, un lieu de transition et de transformation, un lieu de dissolution et de résolution.

Le charnier est un autre aspect de l'intention sacrée du cœur. Cette intention nous transporte en dehors de nos conceptions et de nos perceptions ordinaires et nous pousse, nous confronte, nous demande de voir les choses telles qu'elles sont, les bonnes et les mauvaises. Nous sommes amenés à aller dans des lieux qui nous font bouger, qui nous remettent en question et qui changent radicalement nos perceptions, et cela, allié à un profond amour et désir d'être bénéfique à toute vie, nous fait grandement avancer sur le chemin. Tel le renoncement authentique, il ne s'agit pas tant de cultiver le charnier, car il est honoré par le fait qu'il se manifeste, mais il s'agit plutôt comme pour la pratique d'attendre les animaux, de le guetter et de nous tenir prêt, d'accepter sa présence dans notre vie avec un cœur reconnaissant.

Alors que la volonté de s'abandonner au-delà du soi gagne en force et en élan et que l'intention étend sa portée, il est possible d'en venir à souhaiter faire de grands changements dans sa vie. Ce souhait de changement peut être une conséquence naturelle de nos progrès à changer les habitudes d'identification ou de perception, ou bien être un processus parallèle, déjà en mouvement, mûrissant à son propre rythme et selon sa propre manière, comme ce fut le cas pour nous. La tendance au renoncement se développe sur de nombreuses vies et peut se réveiller d'elle-même. Il est possible d'en venir de façon inattendue à mettre de côté carrière, famille, amis, maison, terrain, sécurité financière, travail, accomplissements, toutes les principales caractéristiques d'une identité durement gagnée. Fragiles, cassantes, semblables à du papier de soie, elles tombent facilement et l'on ne peut pas s'y accrocher même si l'on essaye. L'on se retrouve étrangement vulnérable et libre en même temps, ouvert à ce qui au regard des autres pourrait sembler un chemin précaire et dangereux. L'on a accompli une dimension importante et difficile de la voie ; atteindre le charnier en soi-même.

Ouvrir son cœur

Le charnier peut émerger de nombreuses façons, quelle que soit sa vie, dans n'importe quelle culture ou époque. Nous avons trouvé nos charniers dans les paysages extérieurs, à la fois des villes et du monde sauvage, dans les choix que nous avons faits pour changer complètement notre façon de vivre et de travailler, et dans la façon dont nous nous sommes positionnés. Le charnier devient une expression organique de notre vie spirituelle lorsque l'on commence à voir au travers des couches formant l'identité ordinaire, c'est un mouvement au sein de notre être entier, une force nous amenant à quitter notre monde familier pour entrer dans le monde sauvage, l'inconnu. Si l'on est conduit du plus profond de son cœur à pénétrer dans le charnier, l'on expérimente la liberté de voir et d'apprendre au-delà des fabrications ordinaires. L'on découvre en soi un espace vital, essentiel, une ouverture permettant à une nouvelle énergie de se mouvoir vers le haut et de dévoiler l'essence que nous sommes déjà.

Le chemin spirituel

Dans les temps anciens, avant la chute depuis le cœur originel et la Terre, lorsqu'un homme ou une femme ressentait en son cœur un appel clair, un désir brûlant et un besoin de s'abandonner à un processus de transformation déjà à l'œuvre en profondeur en soi-même, ces personnes des temps originels laissaient tout ce qu'ils connaissaient et aimaient pour rechercher dans le monde sauvage une expérience fusionnelle d'union avec la radiance naturelle de l'essence. Ayant atteint une étape importante sur le chemin, et pris une décision importante, ils commençaient par errer avec cet appel dans leur cœur, à la recherche d'un guide spirituel. Ils savaient certainement comment trouver de l'eau, un abri et de la nourriture, mais ce voyage pouvait durer des mois ou des années, et ces anciens pratiquants du cœur devaient avoir un grand courage pour faire le premier pas. Dans cette expérience, ils avaient déjà un cœur ouvert et savaient comme suivre cet appel au-delà du temps. Ils savaient comment écouter et trouver l'appel au sein de leur expérience directe.

Le rôle du guide

Le rôle d'un guide est d'être une porte vers notre propre expérience directe de l'intention rayonnante de l'essence. Le guide ultime est l'essence. La radiance de l'origine en tant que nature est la guidance, toujours là lorsque l'on est véritablement ouvert, fondement de la vie spirituelle et de l'expérience visionnaire. Un animal, une plante, les montagnes, les rivières, le sol sous nos pas peuvent enseigner au-delà des mots les leçons de l'univers. Ils sont la voix de l'essence, l'appel naturel à la réunion résonant dans le cœur, personnel et direct, ils sont la vie spirituelle comme vision.

Un guide humain peut nous introduire à certains aspects que nous pourrions avoir manqués, il peut nous pousser, nous tirer, nous encourager, nous conduire dans des directions que nous pourrions ne pas avoir vues. Mais un guide authentique, homme ou femme, sait aussi qu'il ne fait que montrer afin que la prochaine génération expérimente la dynamique de la réalisation déjà présente au fond de la vision émergente de cette vie. Un guide est aussi humble dans l'acte d'initier un changement en son étudiant. Les guides savent qu'ils ne font qu'aider les autres vers leur propre expérience directe de l'intention de l'essence. Ils sont un avec la vision qu'est cette vie, et une fois qu'ils ont partagé leur vision à la génération suivante, ils quittent cette vie. Ils n'ont pas d'attachement aux titres, aux lignées, ou à d'autres autorisations extérieures. Ils ne sont qu'une simple et humble partie de la manifestation. Être en lien direct avec une telle personne peut initier un profond changement dans son être. C'est comme s'ouvrir à une rivière. Apprendre à connaître le cycle de la vie de la rivière, écouter dans notre cœur les enseignements du rythme et du flot du cœur de la rivière nous transforme comme l'eau adoucit une pierre. De la même façon, un guide authentique affecte notre cœur par son être même.

Un guide humain a parcouru la totalité du chemin, la réunion avec l'essence, la résolution de la radiance. Pour eux, rien de moins n'est acceptable. Il ou elle est maintenant ici pour toute vie, pas seulement les humains. Il ou elle est une propagation continuelle d'anneaux concentriques, fluides et doux, se répandant à la surface d'une mare. La plupart des personnes ne remarqueront pas un véritable guide ; la majorité recherchent des attributs associés aux concepts de l'autorité. Le guide authentique n'est pas encombré par ces concepts et est semblable à une pierre érodée le long du chemin, facilement ignorée par ceux dont les yeux sont aveuglés par l'espoir du pouvoir, de la renommée et de la grandeur. Le guide authentique est là pour ceux qui ont un cœur ouvert, le courage et la persévérance pour dépasser les conceptions et les visions limitantes qui maintiennent le contenant individuel du soi. Leur guidance est simple et pourtant profonde, un geste vers l'expérience directe de ceux qu'il ou qu'elle guide. La partie importante de la guidance est de les aider à atteindre la réalisation afin de voir la vision qu'est cette vie avec les yeux de la vision elle-même, les yeux de la radiance intérieure. Le guide est une partie naturelle de ce monde manifesté et ceux qui recherchent un guide sont aussi humbles. Ils n'ont pas d'autres désirs qu'un mouvement dans leur cœur, et le courage d'expérimenter l'essence en tant qu'essence, telle une goutte de rosée tombant à la surface d'une mare.

Les guides authentiques, qu'ils soient nature, vision ou sous une forme humaine sont par nature la radiance de l'origine, non encombrée par les cultures et les doctrines. Ils sont un avec tout ce qui se manifeste naturellement. La pierre qui s'érode le long du chemin est une avec toute vie. Il ou elle est en toute expérience, heureuse ou triste, ouvert aux émotions des courants de leur époque et pourtant, reste toujours cette pierre qui s'érode, existence incorporée dans la vision en tant que vision. Le but n'est pas le bonheur, le pouvoir ou la joie ; c'est d'être en tant que cœur de toute vie.

La volonté de changer

Contrairement aux chercheurs spirituels des temps anciens qui pouvaient quitter leur monde familier, les pratiquants du cœur dans notre monde contemporain ont moins de possibilités pour quitter la société et partir dans le monde sauvage suivre un chemin spirituel. La civilisation de notre monde est devenue de plus en plus complexe, et il est devenu plus difficile de se libérer des conditionnements de la complexité mentale dans laquelle nous vivons. Pour autant, le cœur original est naturel et non fabriqué, il ne demande que des moyens simples pour en faire l'expérience. Le défi d'aujourd'hui est tout ce qu'il y a de plus grand parce que la vision du monde est dominée par l'esprit d'une façon si généralisée et parce qu'il est difficile de toucher la réalité non fabriquée si l'on reste englué dans ces schémas. En sortir demande un courage venant de l'alignement de notre intention la plus profonde avec notre cœur, avec notre amour.

La plupart des gens expérimentent leur vie au travers d'attentes et de conditions qui leur sont imposées par d'autres, et qui sont ensuite reprises à leur compte par leur esprit. La peur de sortir des conventions et de la zone de sécurité présente un gros obstacle sur le chemin spirituel. La pratique spirituelle peut malheureusement exploiter ce besoin de sécurité et exiger un univers sécure et orthodoxe dans lequel rien ne doit venir perturber l'ordre établi. Beaucoup d'enfants, en particulier dans la petite enfance, sont naturellement ouverts à une expérience spirituelle non encombrée par les concepts des doctrines. Les adultes qui les entourent les conduisent souvent vers une zone de sécurité loin de l'expérience directe de cette dimension spirituelle au-delà des normes établies, et leurs expériences peuvent être oubliées ou ignorées. Pourtant la qualité d'un cœur ouvert si présent dans la petite enfance peut être embrassée de nouveau.

L'aspect le plus précieux de la naissance humaine est le choix que nous avons de changer et de toucher cette ouverture. Être ouvert au changement est le fondement de la créativité et du développement spirituel. Tous deux sont en rapport avec le fait de s'ouvrir aux possibles au sein de cette vision émergente de la vie et d'avoir la volonté d'essayer, d'explorer et même d'être prêt à échouer. Le processus créatif permet naturellement aux opposés de co-exister sans s'attacher à l'un ou à l'autre côté et peut embrasser l'énergie circulant entre eux, faisant émerger une dynamique de complétude en harmonie avec la fluidité de toute création. La pratique spirituelle est un art, non pas au sens de faire des dessins ou des peintures ou de la musique, mais au sens de la capacité d'être ouvert et de se mouvoir dans l'expérience en dehors des frontières, d'être ouvert à la grâce, de se laisser aller dans le flot de l'ineffable.

Le chemin spirituel vous changera. Si vous pensez que vous pouvez faire votre pratique spirituelle tout en gardant votre vie intacte, vous êtes dans l'erreur et votre esprit a pris le contrôle sur votre cœur. Vous changerez. Votre vie ne sera pas la vie de structure ni d'attachement aux concepts préétablis d'une vie normale. Vous entrerez dans une rivière qui coule jusqu'à la mer, fluide et s'élargissant, non linéaire, un chemin de cœur vers une union fusionnelle.

La peur

Le plus gros obstacle à la volonté de changer est la peur. Lorsque l'on chemine sur la voie spirituelle, il est naturel de rencontrer la peur de bien des façons, pas seulement les peurs reliées au danger ou à la mort, mais aussi les peurs associées au cheminement spirituel lui-même : la peur d'être confronté au côté obscur de notre esprit, de nos expériences, de nos souvenirs et de nos tendances issues de vies passées ; la peur d'abandonner notre petit soi familier ; la peur de la qualité éphémère et naturellement fluide de l'expérience, absence de solidité inhérente à la structure de cette vie et de toute vie, peur du néant ; la peur du monde des esprits, peur des entités qui bougent autour de nous tout le temps ; ou bien la peur de la véritable radiance et joie de la lumière, une brillance qui peut submerger par sa splendeur.

Quelle que soit la peur qui émerge, dans quelque situation que ce soit, la seule façon de faire avec est de simplement continuer, continuer de pratiquer. Il ne s'agit pas de nier la peur ; il est nécessaire de continuer à agir de façon appropriée en fonction des dangers de ce monde. Nous avons l'intention de suivre un chemin spirituel, et il s'agit de faire de son mieux pour rester en vie et pour le mener à bien. Il ne s'agit pas de fuir la peur ou de la laisser nous stopper dans notre processus d'apprentissage sur le chemin, mais d'être sage dans la façon de la vivre. Si l'on sent que l'on est assis à un mauvais endroit et que cela fait surgir une grosse peur qui honnêtement nous paraît en cet instant au-delà de notre capacité à la gérer, il est possible de vouloir changer d'endroit en ayant l'intention de mettre en place de bonnes circonstances et de renforcer notre détermination à bien la vivre dans le futur.

Être honnête avec soi-même est crucial. Certaines personnes ont déjà capitulé avec la peur, mais elles n'ont pas conscience d'y avoir cédé. Il se peut qu'elles ne ressentent pas la peur, mais elles arrêtent d'apprendre et régressent dans leur progression spirituelle et face aux défis du lâcher prise. Celui ou celle qui n'a plus peur a fermé son cœur et est devenu l'esclave de son esprit. Les personnes qui n'ont plus peur peuvent paraître timides ou au contraire intimidantes par leur comportement, mais elles veulent garder leurs attachements ; elles ne veulent plus abandonner. Le don de la vie est là pour nous afin de faire de notre mieux pour apprendre et grandir. Nous nous devons de tenter notre chance, nous pouvons même être blessés sur ce chemin, mais le courage de dépasser la peur est déjà en notre cœur et dans le cœur de chaque vivant, attendant que l'on y accède, le courage appelant le courage, un choix décisif, le courage de ne pas être effrayé. Les peurs appartiennent au petit soi qui s'accroche. Le courage appartient à la vision plus vaste de l'intention du cœur, il appartient à l'engagement à fusionner au-delà du soi en une union plus vaste. Le choix nous appartient.

Les expériences méditatives

Une fois que l'on s'est engagé sur un chemin spirituel et que l'on a la volonté de s'ouvrir à des niveaux d'expérience plus profonds, l'on rencontre un certain nombre d'états méditatifs qui peuvent survenir dans tout cheminement. Les expériences de félicité, clarté et non-pensée émergent spontanément dans des degrés variés et il est important d'en prendre conscience afin de ne pas en être prisonnier et d'être capable de bouger avec elles et à travers elles sans s'y attacher. Aucune de ces expériences n'est fausse ou susceptible de nous causer du tort ; elles sont même des signes de progrès. Mais lorsqu'elles émergent, elles peuvent paraître si fraîches et merveilleuses, si différentes de notre pratique jusque-là, que nous pouvons développer de l'attachement envers ces états méditatifs. La clé du chemin est de laisser aller et de ne rien saisir, laissant le cœur ouvert et permettant à quoi que ce soit qui émerge de venir et de s'en aller. Félicité, clarté et non-pensée peuvent émerger au cours de notre vie spirituelle, il est ainsi important d'apprendre à chevaucher ces expériences sans s'y accrocher.

La félicité est l'une des expériences méditatives les plus attirantes, et il peut être difficile de laisser aller ce niveau énergétique du développement spirituel. La félicité est en lien avec l'émergence d'une énergie ascendante dans le canal central vers le chakra de la couronne, et elle procure une sensation de grande joie, un état d'extase presque de l'ordre de l'orgasme. Cette sensation peut nous aider à nous ouvrir et à nous dynamiser lors de longues retraites de méditation. Le problème vient lorsque les pratiquants recherchent et s'attachent à la félicité, et en font le but de leur pratique. Il s'agit de permettre à la félicité d'émerger puis de s'évanouir sans s'y accrocher, la reconnaissant comme un signe de la vitalité naturelle de l'expérience spirituelle circulant telle une rivière sans fin.

La clarté est une sorte de confiance que l'on touche lorsque la pratique devient moins confuse, une sensation de comprendre clairement qui n'était pas présente auparavant, de bien sentir le chemin, notre pratique et notre vie. L'expérience de clarté peut être spectaculaire en comparaison avec nos précédents états de méditation, mais il est nécessaire de réaliser qu'elle n'est qu'un signe, une façon de savoir que l'on est sur le bon chemin. Si on la saisit à cette étape, l'on pensera avoir atteint la stabilité et cela mettra un arrêt à notre progression spirituelle. La véritable stabilité est beaucoup plus profonde et demande de ne pas saisir, c'est au contraire une qualité d'être, fusionnelle et en équilibre avec une plénitude fluide en hors du soi. Aussi, il s'agit de continuer simplement de pratiquer quel que soit le niveau de clarté et de lucidité que votre expérience peut atteindre.

La non-pensée émerge naturellement dans la vie spirituelle à des degrés variés, commençant avec un évanouissement occasionnel des pensées jusqu'à la dissolution des concepts plus avant sur le chemin. Dans certaines traditions, la non-pensée est un objectif, mais il existe une conscience plus fondamentale sous-jacente à la non-pensée, une ouverture fusionnelle, claire et lucide. De nouveau, il est important de ne pas s'attacher à ces états et de considérer qu'une expérience est meilleure que l'autre. L'expérience de non-pensée est un signe de progrès, une qualité manifeste de l'essence circulant en soi, mais il est nécessaire de ne pas s'y accrocher.

Tous ces signes de progrès sont des expériences éphémères émergeant au sein du flot plus vaste du chemin. Nous ne devons en aucune façon laisser l'esprit s'y fixer ou s'y attacher ni créer une identité spirituelle en lien avec elles. Il s'agit de se laisser aller dans le mouvement de notre cœur s'ouvrant de plus en plus, et nous portant vers l'omniprésence, la résolution, l'union fusionnelle avec le cœur de tout.

La certitude

Après avoir pratiqué pendant un certain temps et avoir appris à s'abandonner, l'on en vient à expérimenter une sorte de clarté plus profonde, un sentiment d'accomplissement et de compréhension, le doigt dans la prise de la lumière, l'étape du "Ahah ! J'ai compris !". L'on pense que l'on a réellement atteint un état particulier. L'on ressent une confiance séduisante. C'est juste une autre étape. Cela peut sembler merveilleux, mais il est nécessaire de la laisser aller. Si l'on succombe à la certitude, l'on devient trop confiant. On croira savoir, avoir acquis un nouveau pouvoir. Cela nous aveuglera et nous ferons l'erreur de croire que nous avons déjà parcouru le chemin avant même que nous ne soyons allés bien loin, nous conduisant à une sorte de désinvolture et à gaspiller notre énergie spirituelle.

À chaque étape du chemin, l'on rencontre certitude et incertitude à différents degrés. L'incertitude est de loin la meilleure alliée, et lorsque l'on fusionne avec le cœur de la Terre, l'on vit semblable aux peuples premiers qui se déplaçaient jour après jour au sein de la grâce fluide de l'incertitude. L'essence de la pratique et de toutes les expériences du cœur originel est en dehors de toute définition, en dehors des limites qui maintiennent les certitudes et il s'agit ainsi de cultiver ce mode d'être, incertain, flexible, fluide et humble.

Le pouvoir

Le pouvoir peut être une conséquence naturelle du cheminement spirituel. Il émerge pour chaque pratiquant de différentes façons et à différents niveaux de leur développement. Certaines personnes naissent avec des capacités particulières, certaines sont fascinées par le fait d'acquérir des pouvoirs, d'autres y accordent peu d'importance, car elles se concentrent plus sur l'accomplissement du chemin jusqu'à son terme. Le pouvoir n'est pas synonyme de réalisation spirituelle ou d'accomplissement. Certains pratiquants hautement réalisés ne manifestent pas de pouvoirs. Certaines personnes qui manifestent des pouvoirs extraordinaires n'ont que peu ou pas de réalisation. Voler dans les airs, passer au travers des murs, connaître toutes les choses peuvent tous venir de formes inférieures de pratique. Le pouvoir n'est pas un aspect caractéristique de la résolution de toute radiance et du fait de demeurer dans un mode d'être pur, fusionné avec l'essence.

À tout moment, si la clairvoyance ou d'autres formes de pouvoir commencent à émerger, ils peuvent être le signe de progrès spirituels, mais ils ne sont pas la réalisation, ne vous y attachez pas. Laissez-les venir et s'en aller, ou vous échouerez face à ce défi du cheminement spirituel. Les pouvoirs peuvent être très reliés à l'esprit et à son désir de hiérarchie et de contrôle. Le pouvoir donne le sentiment que l'on peut manipuler les autres, et même si l'on commence avec une bonne intention, il est possible de se perdre dans ce genre de maîtrise. Le pouvoir peut nous illusionner, et l'on en vient à vouloir de plus en plus de contrôle. On perd son ouverture et l'on domine les situations et les autres, et si on y prend garde, on peut s'égarer dans une forme de maltraitance sous couvert de bonne intention. Le pouvoir ne nous appartient pas réellement. Il est une expression de l'essence, circulant en nous de façon temporaire. Il est véritablement nécessaire de rester avec notre cœur, reconnaissant que nous faisons partie de l'essence circulant à travers toute vie, honorant cette connexion avec une véritable humilité, et sachant qu'un long chemin nous reste encore à parcourir sur la voie.

Grâce Primordiale

Les concepts d'éveil

Nous souhaiterions aborder maintenant un défi très particulier et déterminant auquel chaque pratiquant parvient à un certain moment sur son chemin : le défi d'accepter que l'expérience de la pleine maturité spirituelle demeure naturellement en soi, que l'on est autorisé à l'actualiser, et que l'on est capable de l'actualiser. La graine éveillée de l'unicité n'est pas réservée aux personnes d'un autre temps ou d'une autre culture, ni aux super héros vivant dans des royaumes célestes éloignés ; elle n'est pas en dehors de soi. La réalisation est naturelle à toute vie. La nature de Bouddha, l'éveil, la libération et la réalisation sont toutes de grandes notions pour désigner ce qui demeure déjà à l'intérieur en notre cœur et qui pénètre la trame du vivant.

L'étendue du cœur éveillé est vaste ; cela n'a rien à voir avec l'esprit ou les qualités que l'esprit y projette, souvent comme une version gonflée de lui-même. Tous les concepts sont des obstacles, et certains concepts nous illusionnent plus que d'autres. Même des notions qui peuvent nous inspirer au début peuvent nous retenir en arrière. Il est nécessaire d'aller au-delà des étiquettes et de faire confiance à notre cœur. Notre cœur est déjà notre connexion à l'ouverture, et il est le siège du courage de suivre ce chemin vers l'origine nous menant à l'expérience directe de la trame du vivant, l'héritage intérieur que tous les vivants partagent.

Le chemin spirituel

Le retour chez soi en cette fusion avec l'essence est un processus naturel et organique tressé avec chaque aspect de cette vision émergeant naturellement qu'est la vie. L'expérience de la fusion avec l'origine est en dehors de toute culture ou langage, au-delà du soi, au-delà des concepts de solidité, de temps et d'espace, au-delà des concepts d'éveil. Elle est en dehors des notions que l'esprit lui attribue. Le défi est d'aller au-delà des limites de l'esprit et de ses conceptions verrouillées, et d'ouvrir son cœur telle une graine s'éveillant à l'intelligence d'une reconnaissance fusionnelle. Tous les aspects de l'unicité se reflètent dans la trame du vivant, et s'expriment dans le monde naturel au travers de la fluidité de l'eau, de l'ouverture du ciel, de la générosité patiente de la Terre. Ceux-ci ne sont que quelques-unes des abondantes qualités nous guidant vers l'unicité au sein de ce monde manifesté. Nous pouvons directement entrer en contact avec elles et les expérimenter au sein de notre cœur, maintenant, en dehors des frontières limitées et limitantes des mots et des concepts.

La Nature

Les pratiquants du cœur, les mystiques de toutes les traditions, ont une profonde connexion de cœur avec la nature. Être attiré par l'intention de l'essence au travers de la beauté et de la joie dynamique de la nature est une conséquence naturelle de la pratique spirituelle. La vision qu'est cette vie est la radiance de l'origine, l'intention émergeant comme le monde naturel dans toute sa variété de lieux et de formes afin de guider tous les vivants vers l'omniprésence de l'essence. Mais même dans les étapes initiales du développement spirituel, il est possible d'expérimenter ce monde telle la danse fluide de l'expérience directe. Chaque instant, chaque mouvement au sein de la vision qu'est cette vie est vivant comme signe, rêve et vision. Nous sommes déjà en union en et au sein de cette vision partagée ; abandonnez-vous et laissez-vous aller lentement dans le flot de la nature afin de reconnaître le cœur intérieur de toute expérience.

L'union de notre cœur avec la nature est un bon signe. Les mystiques et les esprits premiers du cœur de n'importe quelle époque savent que le monde naturel est la maison, le temple et le sanctuaire. Si l'on se détourne de la nature et de la Terre et que l'on se tourne à la place vers les structures et les doctrines, c'est un signe que l'esprit a pris le dessus sur le cœur et sur la pratique spirituelle. Si l'on se sent de plus en plus attiré par le monde naturel, vers l'union avec la vision qu'est cette vie, l'on sait que l'on va dans la bonne direction.

Le chemin spirituel

L'appel à aller dans le monde sauvage en tant que partie de notre développement spirituel est atemporel et presque universel. Même les personnes de cultures vivant déjà proches de l'harmonie avec le monde naturel recherchent des moments d'isolement dans le monde sauvage afin d'approfondir leur connexion avec la source de tout. Il est naturel de rechercher la solitude en dehors de la société humaine, quelle qu'elle soit, afin d'écouter les voix de toute vie s'entrelaçant à partir de la voix unique de la source, afin de trouver notre maison spirituelle dans le monde sauvage. La nature est l'expression directe de l'intention de l'essence en dehors des constructions du langage et de la culture humaine, en dehors du carcan de la perception et de l'esprit humain. Le monde naturel, les rochers, les arbres, les plantes, l'eau, l'air et la Terre sont toutes d'authentiques expressions vivantes de la radiance qui offrent un soutien crucial et croissant sur le chemin alors que l'on se débarrasse progressivement des pièges de l'esprit.

L'illumination

Le chemin déjà tracé en notre cœur par l'intention de l'essence se déploie à un rythme différent pour chaque personne, c'est pourquoi il a pu exister différentes façons de cartographier la progression du développement spirituel, mais il existe des étapes de la transformation spirituelle qui sont inhérentes à de nombreux chemins.

Pour beaucoup, l'engagement sur la voie du cœur commence avec une expérience initiale d'illumination, une rencontre personnelle avec la radiance. L'illumination est extrêmement fascinante. Elle peut survenir de nombreuses manières, que ce soit en rêve, en vision, dans une expérience de mort imminente, ou un évènement choquant de la vie, et elle peut varier dans son degré d'intensité, allant d'un aperçu initial de la brillance intérieure tel le scintillement de la lumière sur l'eau jusqu'à la parfaite expérience de la radiance en soi. L'illumination a une tonalité similaire à la clarté et à la certitude, mais la clarté et la certitude sont teintées par l'esprit alors que l'illumination a la saveur de toucher et d'être touché directement en notre cœur, un contact avec et en une brillance vivante. Elle est ouverture, connexion, relation. L'illumination peut être glorieuse et procurer le sentiment de rencontrer et d'être rencontré par quelque chose de lumineux au-delà du soi, et cela peut aller jusqu'à un sentiment d'accomplissement et de compréhension si l'esprit saisit cette expérience, mais ce n'est qu'une étape.

Quelle que soit la forme avec laquelle elle apparaît dans la vie, et elle peut apparaître un certain nombre de fois, il faut savoir que ce n'est qu'un signe, une guidance vers la véritable union. Il est important de ne pas se fixer sur l'expérience, et marquer un arrêt sur le chemin, aveuglé par nos propres phares.

De nombreuses personnes ont pu avoir des expériences d'illumination et en ont été submergées, délaissant leur cheminement et partant enseigner et expliquer l'incroyable expérience qu'ils ont vécue, perdant ainsi leur énergie et leur détermination à continuer. Elles se figent dans la rémanence. Elles peuvent sembler brillantes, joyeuses, et confiantes, mais l'illumination n'est qu'une porte par laquelle on doit passer puis que l'on doit franchir. L'illumination est une des premières reconnaissances majeures de l'intention de l'essence, un goût, un contact, et parfois une brillante claque pas si douce dans notre visage. L'illumination, bien que glorieuse et merveilleuse, à ce point fascinante que l'on souhaite à tout le monde de la vivre, est fondamentalement une expérience personnelle. Lorsqu'elle est n'est pas mêlée aux tentatives de l'esprit de la coopter et de l'exploiter, elle devient un souvenir secret, un désir dans notre cœur, une aspiration à être de nouveau touché par sa grâce dans chaque nouvelle expérience. Elle est un reflet de la source et un repère pour la direction du retour au cœur originel.

La nuit

La nuit est une nuit spirituelle, un silence de lumière où la lueur venant de l'illumination disparaît jusqu'au néant, nous laissant semble-t-il dans l'obscurité. On en parle parfois comme de la nuit obscure de l'âme, mais l'expérience de la nuit n'a pas besoin de rester fixée sur la peur que cette expression peut provoquer. La nuit amène à se tourner à l'intérieur, un sentiment de quiétude gagne notre chemin spirituel. Il est possible d'avoir la sensation que rien ne nous parle et que la grâce nous a quittés. L'on est abandonné seul sur le chemin, attendant avec une conscience qui ne sait pas, une simple confiance. La grâce ne nous a pas quitté ; elle nous parle avec une voix différente, et dans le silence de cette nuit, l'on apprend à écouter et à s'abandonner depuis un niveau encore plus profond de notre cœur.

La qualité angoissante de cette étape du chemin n'apparaît que si l'on ne s'abandonne pas, que si notre esprit reste fixé sur une certaine expérience de l'illumination et que l'on résiste aux changements qui sont déjà à l'œuvre en nous. Au sein de cette perte sereine de l'illumination, nous apprenons à écouter dans le silence obscur quelque chose de nouveau. Rester avec notre cœur quel que soit notre ressenti nous maintient en contact avec la grâce. C'est un moment très puissant. Nous apprenons à écouter au-delà des mots, à faire confiance au-delà de la confiance, à voir au-delà de la lumière. Nous déplaçons notre centre de gravité vers une autre dimension de l'expérience.

Grâce Primordiale

Franchir le col

Alors que l'on continue à progresser sur le chemin du cœur, finalement après des années de pratique, l'on arrive au point où la reconnaissance du cœur originel est devenue une expérience continuelle, l'on est plus séparé à aucun moment de la conscience claire illuminant le chemin et s'évanouissant de nouveau pour être rappelée. L'aperçu que l'on a eu d'une radiance ouverte et active au cours de l'étape de l'illumination peut maintenant émerger de notre cœur encore et encore au sein de l'immédiateté de l'expérience directe. Reconnue sans saisie ni attachement, cette expérience est devenue une partie de notre vie. Nous avons franchi un seuil important. Les nuages de l'esprit n'obscurcissent plus le souffle de l'essence en notre cœur et n'imprègnent plus toute l'existence. Le cœur originel est désormais devenu un état continuel, une connexion organique avec le fondement sous-jacent à la vision qu'est cette vie, une reconnaissance vivante que nous faisons partie de la trame du vivant. La plupart des personnes n'arrivent pas jusque-là ; beaucoup restent engluées au sein de leur esprit, conceptualisant et simulant les étapes du chemin. Franchir le col est une victoire subtile et un grand bonheur émergeant depuis le ciel de notre cœur tel l'aube d'un début de printemps, touchant toute vie.

L'union

Au sein de l'union, il n'y a plus d'étapes, il n'y a plus de chemin. C'est une expérience de résolution totale et complète de toute existence, sphère d'influence dissoute sans effort en l'essence, comme de l'eau dans l'eau, une unicité homogène.

Il existe beaucoup de mots et de concepts associés à la culmination du cheminement spirituel. Des doctrines et même des politiques ont mis en place des systèmes de croyances au sujet de ce passage ultime, en essayant de le capter en des termes humains. La réalisation est inhérente au chemin dès le commencement, tressée avec la trame du vivant, tressée dans la radiance. Suivant le mouvement d'un cercle, le chemin fait un tour pour se rencontrer lui-même, c'est le moment de la résolution, le lâcher prise final, l'abandon final, le moment du passage en une vie éveillée. C'est un cycle naturel, un mouvement au sein de tous les cycles de l'univers, et la fin du chemin est similaire ; ce chemin d'abandon culmine dans la connexion avec l'intention de l'essence, mouvement au sein du flot du courant primordial. L'on permet à notre cœur de nous guider au sein d'une union absolue. Il ne s'agit pas du domaine de l'esprit, mais d'un véritable lien avec l'intention au sein et au-delà de tout ce qui émerge naturellement.

Lorsque l'on est sur le point d'expérimenter l'union parfaite pendant la pratique visionnaire de la radiance, le cœur originel a déjà acquis une certaine stabilité, libre des contraintes de l'esprit. Le monde est devenu vivant, se révélant comme des lumières d'arc-en-ciel, et l'essence apparaît comme la profondeur bleu nuit de toute chose. Un instant et un pas nous séparent de la complète union, essence en l'essence.

Alors que l'essence en soi commence à fusionner avec l'essence au-delà de la manifestation, tout ce qui demeure est juste une enveloppe qui devient diaphane comme une soie fine, n'étant jamais séparée de l'union totale et complète. C'est une expérience viscérale impliquant tout notre être, notre sphère personnelle de radiance et tout ce qui se manifeste se résout en un tout homogène. La stabilité seule dans le cœur originel ne conduit pas à cette culmination : la résolution de tout notre être et du monde autour de soi. Cette résolution de la radiance est accomplie en parachevant la voie visionnaire primordiale de la radiance. Cette voie de la lumière découverte en notre cœur n'appartient à aucun groupe ni à aucune tradition. La lumière est son propre passage vers la résolution, libre, sans être la propriété d'aucune structure. Il s'agit de laisser tomber tout ce qui se manifeste, tout ce qui nous a guidé jusqu'à ce point, notre sphère d'influence est désormais dissoute au sein de l'essence, rien ni non rien, potentiel résonnant avec l'intention, union absolue.

Le déclin

Que l'on ait atteint la résolution de cette vie ou pas, nous devrons à un moment ou à un autre faire face au processus naturel du déclin. Le déclin est un mouvement qui se tourne vers l'intérieur, l'achèvement du cercle. Il peut consister à se replier sur le soi individuel au travers des mémoires de l'enfance, ou bien à se tourner vers l'étendue plus vaste de l'union. Que l'on ait cultivé la peur, l'illumination ou le pouvoir, la dimension la plus limitée de ces énergies se tournera vers l'intérieur. Il n'est pas possible d'échapper au mouvement du repli ; quelle que soit la distance que l'on aura parcouru sur le chemin, la totalité de toutes nos expériences se résorbera afin de semer la graine de la prochaine vie.

Si l'on n'est pas allé jusqu'au bout du chemin avant que l'âge avancé ne nous enveloppe, nous courrons le risque de se laisser aller à la fatigue et aux autres maux habituels de l'âge mûr qui peuvent saper notre énergie et notre résolution à persévérer. L'on peut s'imaginer vivre éternellement ou que l'on sera sauvé dans quelques paradis ou champs purs. Dans les cultures expansionnistes linéaires obsédées par le progrès, la peur de la dimension cyclique de la vie et de l'expérience est très répandue, et particulièrement la peur du cycle naturel du déclin. Le désir d'une éternelle jeunesse et de pouvoirs permettant de combattre ou nier le déclin vers la mort vient de la non-compréhension du processus de l'auto-abandon consistant à semer une graine, et cela peut devenir un obstacle à cette étape de la vie.

La dernière partie de la pratique, la dernière partie du chemin pourrait bien être la plus dure, indépendamment de la vieillesse, et toute notre force et toute notre ouverture seront nécessaires avec un engagement total ici, maintenant.

En fonction des tendances de notre vie, le déclin peut survenir à n'importe quel moment. L'on commence à voir que notre vie a atteint son sommet, puis se tourne vers la dissolution. Si notre chemin de vie nous le permet, nous atteindrons le vieil âge, mais il est aussi possible de faire face à une maladie critique ou à une mort soudaine à n'importe quel âge, et dans ce cas, la durée du déclin sera considérablement réduite. Alors que notre énergie de vie commence à atteindre son sommet, nous devons regarder dans notre cœur et considérer la vie autour de nous et la responsabilité que nous en avons ; ce moment est crucial. Nous devons accomplir le chemin, aussi loin qu'il nous mènera, dans le temps qui nous est imparti.

Si l'on atteint le temps de la vieillesse, cela ne signifie pas pour autant que ce soit un temps de repos. Cela peut être un temps de détermination encore plus grande enracinée dans la joie chaleureuse de notre cœur, nous rappelant notre responsabilité envers toute vie et dans chaque pas que nous faisons pour exprimer la joie qui circule du cœur de l'intention au sein de tout ce qui se manifeste. De nombreux problèmes physiques peuvent survenir au cours de la vieillesse, mais notre cœur sait que l'on a besoin de nous. Il se peut que nous ne puissions plus nous déplacer avec l'aisance que nous avions auparavant, mais il y a encore une façon pour nous d'agir et de partager notre cœur avec les autres. C'est le temps de semer la graine pour notre prochaine vie et pour les vies qui sont autour de nous, en se consacrant aux aspects les plus essentiels et inspirateurs de vie de notre expérience. Si l'on est une personne de cœur alors le moment du déclin final vers la mort ne sera pas un moment triste ; il sera juste un autre chemin, car nous continuerons à nous mouvoir dans le flot de l'intention, tel un anneau de lumière se répandant de plus en plus à la surface d'une mare, constamment immergé dans la clarté.

Cœur originel, Nature originelle

Toutes les indications dont nous avons besoin pour le chemin du retour vers l'essence se trouvent au sein de cette vaste vision. Asseyez-vous tranquillement sous une pluie légère, près d'un petit étang ou du bord peu profond d'une rivière. Regardez les gouttes d'eau créer des anneaux en mouvement à la surface de l'eau, cercles concentriques se répandant vers l'extérieur, chevauchant et interagissant avec les autres cercles, la surface totale reflétant le ciel.

Laissez votre regard déployer votre cœur au sein de la grande ouverture fluide du cœur originel. Parfois la pluie formera aussi des sphères fragiles, bulles flottantes à la surface, certaines touchant d'autres, certaines isolées, toutes apparemment stables jusqu'à ce qu'elles éclatent. De la même façon toute la vie est un entremêlement de sphères d'existence en interaction émanant de, puis retournant à l'essence.

L'expérience intérieure de l'essence omniprésente se découvre au sein de notre sphère individuelle d'existence. Cette reconnaissance s'accompagne d'un changement subtil. Nous voyons le contraste entre les aspects limités et pourtant éphémères de l'esprit et le véritable ciel de notre cœur, union avec toute vie, ouverture naturelle et permanente. Au sein de cette vaste expérience semblable au ciel demeure un sentiment de connaissance, une connaissance hors de toute conceptualisation, une ouverture sans frontières, bords ni restrictions d'aucune sorte. C'est le cœur originel, qui n'est autre que la reconnaissance de la nature de l'essence se reflétant en notre cœur et en toute création. Nos yeux, le globe de la Terre, une goutte de rosée sur la pointe d'une feuille : la réalité ultime, profonde, incroyable est partout autour de nous et en nous en cet instant, demeurant à l'intérieur et pourtant pénétrant tout, individuelle et pourtant sans limite.

Si vous suivez et vivez les propositions que nous avons faites dans les chapitres précédents afin d'entrer dans l'expérience directe du cœur au sein du monde naturel, si vous vous donnez véritablement le temps d'être ouverts à tout ce qui émerge, vous en viendrez à expérimenter naturellement ces instants du cœur originel semblables au ciel comme faisant partie du cours de votre expérience. Le présent chapitre concerne l'approfondissement et la stabilisation de cette expérience primordiale d'ouverture.

Le cœur originel est l'expression naturelle de l'essence demeurant déjà en notre cœur, notre droit de naissance, qui a été recouvert et occulté par les systèmes formels des religions et pratiques spirituelles ayant émergé au moment où les humains se sont détournés de la Terre. La reconnaissance fusionnelle de l'ouverture demeurant en soi faisait naturellement partie de l'expérience spirituelle des peuples premiers de la Terre, découlant directement de leur vie quotidienne dans le monde sauvage. Ce don primordial est encore au sein de chacun d'entre nous, et nous pouvons entrer directement dans le flot du cœur originel au travers de la radiance qui est ici autour de nous, se manifestant comme cette vision partagée que nous appelons vie.

Les quatre reconnaissances

Il existe quatre reconnaissances nous guidant sur le chemin de la grâce primordiale : l'ouverture, la transcendance, la présence spontanée et l'unicité. Elles sont chacune des facettes de la grâce primordiale et sont traditionnellement présentées afin de nous guider dans l'approfondissement de l'expérience de l'ouverture fusionnelle du cœur originel demeurant en notre cœur et dans le monde naturel. Le chemin dans sa totalité comporte l'union du cœur originel et les visions de la radiance. Les quatre reconnaissances sont la structure générale de la grâce imbriquée dans la trame du vivant. L'ouverture et la transcendance sont plus étroitement reliées à la pratique du cœur originel, tandis que la présence spontanée et l'unicité sont associées à l'expérience visionnaire de la radiance.

Il se peut que vous ayez déjà approché une ou plus de ces reconnaissances au travers des pratiques que nous avons proposées auparavant ; elles peuvent aussi avoir émergé spontanément au cours de votre vie. Semblables aux quatre qualités de la Terre, elles sont des aspects d'un tout homogène que l'on expérimente d'une façon décisive lorsque l'on atteint le fruit de la pratique visionnaire de la radiance, mais il est possible d'entrer en contact avec ces quatre qualités au sein de la radiance naturelle de ce monde. Elles sont des reflets de l'intention de l'essence inhérente à l'expérience de ce monde, et elles sont en nous en cet instant même. Les humains, d'avant la séparation du cœur et de l'esprit, vivaient originellement dans le flot de ces qualités sans avoir besoin de les différencier. Maintenant elles sont une aide pour notre esprit pour reconnaître et apprécier la portée véritablement immense des perceptions du cœur et la profondeur de l'expérience de présence qui nous est accessible. Mettre l'accent sur l'abandon des perceptions du mental n'est pas suffisant. Après avoir reconnu ces quatre qualités, il est nécessaire de commencer à interagir avec la radiance se manifestant en tant que monde, directement dans notre propre expérience au sein du cœur originel. Il est nécessaire de voir à travers ses yeux.

Ouverture

Si l'on vit depuis notre cœur avec la Terre, l'on en viendra naturellement à expérimenter la qualité d'ouverture, car elle est directement exprimée par la radiance de l'essence. L'ouverture est ici même, tout autour de soi. Elle nous aide à expérimenter ce qui devient évident en notre cœur. L'ouverture est vue dans la vastitude d'un ciel bleu. L'ouverture est le ciel. Lorsque l'on est capable de reconnaître cette qualité à partir de son cœur, d'une façon intuitive, l'on réalise qu'elle perdure, qu'elle demeure. Contemplez le ciel, il vous guidera, il vous enseignera cette expression de l'essence. Le ciel bleu, large et vaste, peut comporter des nuages qui se forment, chargés d'eau et ondulant, ou bien un épais brouillard, enveloppant et dense, ou encore de la pluie, ou de la neige, mais le ciel reste et l'on sait cela en notre cœur. Les émotions et les tendances peuvent émerger et pourtant l'on sait que le ciel de notre cœur perdure, il demeure, et dans cette reconnaissance les émotions et les états d'esprits quels qu'ils soient s'évanouissent, ils semblent moins réels, moins importants. En reconnaissant et en restant, en demeurant et en permettant, les nuages commencent à se séparer puis lentement à s'évanouir.

Transcendance

Alors que l'on reconnaît la qualité semblable au ciel de l'ouverture, l'on ressent également en notre cœur une tonalité qui n'a pas de nom véritable ni de caractéristiques identifiables. Ce sentiment ou cette sensation ineffable, cette présence, est la profondeur de notre cœur et la profondeur de chaque chose, au-delà du soi regardant le ciel, au-delà du ciel, indéfinie, une connaissance au-delà des concepts, la profondeur de l'expérience. C'est un peu comme descendre dans une grotte très loin sous la surface de la Terre, et au sein de cette vaste caverne, éteindre les lumières et demeurer dans l'obscurité absolue, profondeur absolue. Demeurant au sein de la profondeur de notre cœur, comprenant sans comprendre, la transcendance est la tonalité de la radiance de l'origine, au-delà de toute explication ou description.

Présence spontanée

Toute forme manifestée est une expression de la présence spontanée, l'énergie permettant aux choses d'apparaître. Afin d'avoir un goût de la présence spontanée, nature éphémère et pourtant continuellement émergeante de tous les phénomènes, il suffit d'attendre l'aube par une claire nuit noire, et être le témoin du monde devenant vivant dans la lumière et dans la couleur, instant après instant. Dans la pratique des visions de la radiance, l'on rencontre directement ce pouvoir expressif de l'essence. Sans plus être déformé au travers de la lentille des perceptions ordinaires, le pur émerveillement de la création apparaît dans une transparence scintillante aux couleurs, traits et formes fluides, et l'on commence à expérimenter la radiance de l'essence libre des voies limitantes du temps et de l'espace, libre des concepts et de l'esprit. Au sein de la qualité totalement ouverte et transcendante du cœur originel reconnu, l'on entre dans la voie visionnaire de la radiance. La graine de l'essence en notre cœur commence à germer et pousser, initiant l'émergence spontanée du cycle primordial du retour à l'origine au travers du mûrissement et de la résolution de la radiance.

Le monde naturel émerge de façon semblable aux visions de la radiance ; il est une guidance pour le retour à l'essence. Un aspect fondamental de la pratique spirituelle est de fusionner avec l'intention de l'essence émergeant spontanément sous la forme de tout ce qui nous entoure dans la nature. Cette qualité de présence spontanée est la raison pour laquelle la vision qu'est cette vie est appelée nature. Le monde naturel se déploie comme un courant fluide, d'instant en instant, et devient vivant en soi si notre cœur est ouvert et si l'on fusionne avec son mouvement, avec son flot. Contemplez le ciel, l'eau, les forêts, sentez leur force se développant en vous et vous connaîtrez la présence spontanée au sein de votre propre vie.

Lorsque l'on en vient à expérimenter le cœur originel en reconnaissant la présence spontanée comme quelque chose de familier, comme faisant partie de la vision qu'est cette vie, il n'y a plus de "percée au travers" comme on nomme parfois la reconnaissance du cœur originel. La percée est le processus d'un esprit qui solidifie, ne permettant pas à la nature spontanée et fluide du cœur de s'ouvrir, et qui ne reconnaît pas la toute aussi fluide et spontanée expression de l'intention de l'essence au sein du monde naturel. L'esprit essaye de trouver le cœur originel à l'intérieur des limites de son propre domaine, et il en est ainsi réduit à des expériences uniquement fondées sur le fait de passer d'un ensemble de mots et de concepts à un autre, ou à des jeux rituels, simples évocations de la liberté. Si l'on reconnaît le cœur originel au sein de la véritable plénitude du chemin, la pratique est une joie et un accomplissement, une fusion avec l'essence déjà présente en notre cœur et en tout ce qui émerge naturellement, d'instant en instant, spontanément.

La transcendance et l'ouverture sont des portes d'entrée, des reconnaissances clés permettant à l'esprit de s'ouvrir à des dimensions de l'expérience hors des zones plus limitées de son expertise. L'ouverture permet à l'esprit

Grâce Primordiale

d'accepter, de respecter et d'écouter les énergies du cœur. La transcendance aide l'esprit à abandonner l'attachement aux schémas établis et au besoin de réduire toute expérience à quelque chose de compréhensible selon ses propres termes.

Mais ni l'ouverture ni l'indicible transcendance ne suffisent pour être introduit à la plénitude du chemin. L'esprit, peu importe le degré de liberté qu'il perçoit de sa vision, fonctionne encore avec ses propres codes, ses propres limitations. La capacité du cœur à embrasser l'expérience avec un ressenti beaucoup plus dynamique et fluide donne un accès véritable à la plénitude au cœur de toute expérience. C'est pour cela que nous donnons cette importance au cœur dans tous nos écrits et nos enseignements.

Tout le monde ne suivra pas la voie de la radiance en cette vie, mais chacun est né avec la capacité à vivre depuis le cœur originel, à toucher et à être touché par la radiance de l'essence rayonnant au travers de ce qui apparaît naturellement.

Rechercher le cœur originel en s'entraînant uniquement à essayer de reconnaître l'esprit est vain. Il n'y a pas de fondement sur lequel commencer, pas de véritable connexion avec le cœur. Le cœur originel n'est pas un état supérieur de conscience auquel on accède. Le cœur originel est la perception directe de et par le cœur de la nature manifeste, fluide et lucide de l'essence, trame de toute la création. C'est la simple reconnaissance venant du cœur du cœur de tout. C'est la neige tombant au crépuscule, une brise d'été, les ailes d'un papillon, un arc-en-ciel dans un ciel brumeux.

C'est s'émerveiller de la beauté presque indescriptible, et de la tendresse se tramant en tout ce qui vit.

Unicité

Dans la voie visionnaire de la radiance, ces quatre qualités apparaissent ensemble comme une au travers de la résolution du chemin. Les visions de la lumière primordiale conduisent à l'union, à la plénitude et à la libération de toute séparation par l'expérience directe de la nature spontanément émergeante de chaque chose et de toute chose comme unique expression de l'essence rayonnant continuellement.

Il y a de nombreux niveaux et degrés de cette expérience d'unicité : de l'unicité du cœur s'ouvrir pour accueillir les espoirs et les craintes de tous les vivants, jusqu'à l'unicité de la pure essence. Il se peut que l'on ait déjà touché un aspect de l'unicité lors de l'affût d'animaux, étant témoin de l'interconnexion d'anneaux concentriques d'existences. Plus tard, lorsque notre pratique s'est approfondie, l'on peut ressentir que les myriades de manifestations sont aussi en mouvement en notre cœur. Il y a un niveau d'unicité encore plus profond et inconcevablement plus englobant que l'on en vient à découvrir au travers des visions de la radiance. Les visions nous connectent directement à la graine de l'essence en notre cœur d'une façon à la fois personnelle et pourtant non séparée de l'essence et de tout ce qui se manifeste de sa radiance. Lorsque l'on s'approche de la résolution dans ces visions de lumière, l'unicité s'élève au-delà du temps et de l'espace, au sein d'une pureté de lumière à la frontière même de l'essence jusqu'au point où tous les phénomènes se dissolvent et seule l'essence demeure, conscience au-delà de la conscience, potentiel absolu, intention absolue, l'unique profondeur homogène de l'unicité.

L'unicité se trame avec la vision qu'est cette vie, et lorsque l'on pénètre dans le monde naturel avec un cœur ouvert, on expérimente un sentiment d'union et de lien qui est indescriptible. Ce n'est pas celui de l'apogée de l'unicité au moment de la résolution des visions de la radiance, mais cela en est une sensation, un goût, un aperçu, s'exprimant au sein de la sphère de cette vie, telle la nue brillance de la lumière matinale au travers des arbres. En continuant à vivre et à fusionner avec la nature, l'on en viendra à ressentir continuellement en notre cœur une connexion dont la tonalité est omnipénétrante. Tous les aspects du cycle du développement spirituel se retrouvent à tous les niveaux de la voie ; l'expérience complète de l'unicité ne se fera pas avant la résolution de la radiance, mais pour autant, il est nécessaire d'avoir sur le chemin une certaine expérience de cette qualité de reconnaissance fusionnelle du cœur. Elle est une force qui nous guide, l'intention de l'essence nous parle à travers l'expérience visionnaire qu'est cette vie.

L'unicité est le cœur du chemin spirituel, le cercle par lequel l'on revient chez soi, et en même temps elle est notre maison à chaque pas du chemin. Nous ne sommes jamais séparés de la trame du vivant. Nous n'avons jamais été séparés de l'essence. Nous sommes déjà chez nous, il n'y a jamais eu aucune division.

Le chemin du retour à l'origine nous amène à expérimenter en profondeur cette unicité sous-jacente déjà présente autour de nous et en nous dès maintenant, mais ses différents degrés s'expérimentent graduellement.

Une expression très parlante de cette unicité omniprésente dans notre vie est le réseau d'énergies de la vie, parfois représenté comme le filet d'Indra. Cette toile lumineuse de l'intention, reflet du continuum vivant de la radiance de l'essence, émerge clairement comme maillage de lumière dans les visions de la radiance.

Elle peut être expérimentée directement au sein de la vision qu'est cette vie en ouvrant notre cœur à un autre dans une compassion et un amour authentique. Les joyaux aux intersections du maillage peuvent être des sages, des amis, des montagnes, des plantes, de l'eau, des rivières, des océans, une goutte de rosée, la lumière sur le rebord de la fenêtre.

Le point essentiel est la connexion lumineuse de cœur à cœur avec toute vie, la reconnaissance de l'essence primordiale en toute chose. Nous faisons déjà intégralement partie de cette toile sacrée de la grande compassion. Notre choix est de s'y ouvrir et de se relier à cette grande union.

Cette capacité à se relier de cœur à cœur dans la vie est un indicateur de notre capacité à se relier aux visions, et sans cette capacité et cette volonté à en entrer en lien, les visions ne se déploieront pas d'une façon authentique.

Ressentir l'unicité en notre cœur est essentiel pour la pratique, et lorsque l'expérience s'approfondit, le cœur originel peut s'ouvrir doucement, délicatement, de plus en plus, jusqu'à ce qu'il s'épanouisse comme plénitude de la radiance intérieure.

L'on emprunte alors l'ultime chemin en lequel toutes les tendances de l'énergie et de la manifestation s'expérimentent comme plénitude absolue.

Grâce Primordiale

Cœur originel

Le cœur originel est l'état naturel du cœur humain, fluide, lucide, fusionnel avec l'intention de l'essence. Il émerge ; il n'est ni fabriqué, ni visualisé, ni invoqué par des pensées ou des mots. Ce n'est pas un concept pour désigner quelque chose, ni un enseignement qui doit être compris puis appliqué. La véritable expérience du cœur originel peut émerger clairement et purement en touchant et en étant touché par le monde naturel, consécration vivante, respirante et active parlant au cœur, touchant au cœur avec la radiance arc-en-ciel d'un lever de soleil, au travers d'une goutte de rosée ou d'un cristal de glace, un brillant bonjour nous faisant sortir hors de notre coquille. Le cœur originel est l'éclat ou la brillance du cœur de toute vie, simple et naturel, en lequel nous pouvons et devrions tous demeurer, dans la pleine reconnaissance de sa présence déjà en nous-même.

Il n'y a pas besoin d'aller loin pour le rencontrer. Tout le monde l'a expérimenté d'une façon ou d'une autre dans sa vie. Nous sommes nés avec un cœur ouvert et présent. Malheureusement, la plupart des humains ont laissé leur esprit dominer leur cœur. Les initiés de notre vérité conventionnelle nous enseignent depuis notre plus tendre enfance à percevoir et à fonctionner dans un monde presque totalement conditionné par l'esprit, et dans ce contexte, l'expérience authentique du cœur originel peut sembler rare et illusoire alors qu'en fait il s'agit de notre demeure naturelle.

De nos jours, de nombreuses personnes engagées sur une voie spirituelle tombent dans le problème dominant de conceptualiser leurs émotions, de conceptualiser les expériences de leur cœur, et lorsqu'ils en viennent à la pratique de la grâce primordiale, nombreux sont ceux qui conceptualisent aussi leur expérience du cœur originel. Le cœur originel n'est pas un événement spirituel ponctuel dans un temps linéaire, mais une reconnaissance continuelle et fusionnelle, et sans cette expérience fusionnelle, la pratique devient juste un autre jeu intellectuel de l'esprit. Le cœur originel est complètement et parfaitement naturel, en dehors du royaume des mots et des concepts. Il est expérimenté directement avec le cœur si le mental s'écarte du chemin et permet au cœur de s'ouvrir. Cette ouverture peut alors toucher le cœur de la radiance de l'essence, l'ouverture lucide atemporelle qui s'étend au-delà des limites de notre être.

Lorsque nous sommes centrés dans l'expérience de cœur du cœur originel, nous nous sentons attirés par le monde naturel, car il est en résonance avec cette ouverture. Si l'on se sent hésitant à être en lien direct avec la nature, c'est un signe que notre esprit a pris le dessus sur notre cœur, et qu'il expérimente sa propre idée de l'ouverture lucide, ne souhaitant pas être remis en question. Le cœur originel est le cœur et le souffle de la radiance de l'intention émergeant de l'essence, il pénètre tout ce qui apparaît naturellement, il est la tonalité continuelle de l'expérience sentie et touchée dans le cœur, s'étendant au-delà du soi, une expression au-delà des limitations, un sentiment de liberté naturelle.

Grâce Primordiale

La pratique du cœur originel

Nous avons insisté sur l'importance d'expérimenter en premier lieu une qualité d'ouverture fusionnelle naturelle dans le flot de l'expérience afin d'éviter la tendance à penser que le cœur originel est quelque chose d'ésotérique, de séparé ou de spécial qui doit nous être apporté de l'extérieur. L'expérience du cœur originel peut survenir spontanément au cours de notre vie au sein de l'ouverture naturelle ou de notre pratique, mais il est tout à fait possible de ne pas s'apercevoir de ce changement subtil. L'esprit peut si facilement être piégé en lui-même et en maintenant tout ce qui conforte sa vision qu'il peut passer à côté et ignorer cette expérience. La dimension lucide et lumineuse du cœur a une portée plus vaste au-delà des limites étroites de l'esprit : naturellement libre, déliée, indéfinie, semblable au ciel, claire, une ouverture sans sentiment de séparation touchant la continuité de l'intention de l'essence au sein de la nature éphémère de l'expérience.

Plus on aura nourri l'ouverture du cœur, plus on sera réceptif et lucide et spirituellement suffisamment fort pour demeurer en la reconnaissance fusionnelle du cœur originel et y revenir lorsque l'esprit repart dans ses errances et voile l'expérience. Il faut du temps pour acquérir une confiance du cœur en notre capacité à revenir à l'expérience authentique du cœur originel. Il s'agit d'éviter de s'accrocher à un souvenir de celui-ci, ou d'être prisonnier d'un concept mental à son sujet. Il ne faut pas substituer un souvenir ou un concept à l'expérience véritable émergeant dans l'instant, fraîche, présente et lucide. Il est crucial de savoir clairement distinguer une expérience fabriquée par le mental de la pure reconnaissance du cœur originel.

Le cœur originel est ici, maintenant, un avec la trame de la vie, attendant pour rayonner que les couches de l'ignorance sociétale, des tendances habituelles et des lourds voiles des actions passées se dissolvent. Un guide humain peut nous introduire à l'expérience du cœur originel, mais cette expérience émerge aussi naturellement au sein du monde apparent. Il y a d'innombrables guides. L'on peut recevoir cette introduction sans mots et sans noms à partir de tout ce qui est autour de soi, à partir du ciel, d'un arbre, d'une goutte de rosée sur une feuille, de la lumière du soleil sur le rebord d'une fenêtre ou de la myriade d'expressions de l'intention de compassion. Avec le temps ce brillant bonjour émergera de plus en plus souvent lorsque nous serons posés en le flot d'une conscience fusionnelle et sans limites. Il s'agit d'y revenir encore et encore, non pas au travers d'un souvenir, mais ici et maintenant, dans l'expérience directe du cœur originel.

La pratique pour reconnaître et demeurer au sein de la dimension spacieuse, claire et fusionnelle du cœur originel consiste à ne rien faire de spécial, à ne pas chercher à purifier le monde ou à le transformer en vacuité ou en illusion, mais simplement à lui permettre d'être tel qu'il est. S'asseyant sur le sol à l'extérieur, dans l'ouverture avec la Terre comme dans l'assise de la Terre, il s'agit de retourner à la qualité vaste et connectée du cœur originel, et de rester dans cette expérience directe jusqu'à ce que l'esprit s'en écarte. Lorsque l'esprit vagabonde, il s'agit simplement de revenir sans se blâmer et de se poser de nouveau en le cœur originel. Pratiquer à l'extérieur avec une vue spacieuse et dégagée du ciel peut être très utile au début, mais il s'agit de revenir encore et encore où que l'on soit et quoi que l'on fasse. Telle est la pratique. Que l'on soit assis ou debout, que l'on marche, que l'on mange, il s'agit de revenir et de rester dans le cœur originel. Il est plus aisé de cultiver ce niveau d'immersion dans la pratique lors de longues retraites. Il faut du temps pour s'installer dans une pratique complète afin de permettre à une confiance authentique du cœur de se développer et de revenir encore et encore à cette présence. Atteindre la stabilité demande beaucoup de temps et d'entraînement, et il est d'abord nécessaire d'être capable de revenir de soi-même à une expérience claire du cœur originel.

Il est très important de pouvoir se poser et de revenir directement au cœur originel en toute situation. Toutes les voies que nous avons proposées dans le chapitre consacré au lâcher prise sont de précieux supports, et plus que tout autres, la marche de la Terre et l'assise sur la Terre en vision grand-angle. Revenir n'est pas revenir au souvenir d'une expérience passée du cœur originel, ou à une idée ou un concept de celui-ci, mais c'est revenir à l'expérience pure et fraîche du moment présent, non voilée par les jugements et les comparaisons. Revenir c'est être immergé en un lac de présence lucide, ressentant l'intention lumineuse de l'essence se reflétant en notre cœur et en le cœur de toute manifestation, et se propageant doucement telles des ridelettes à la surface de l'eau.

Cœur originel Nature originelle

Être dans la nature, en une expérience fusionnelle avec le monde naturel, est un moyen puissant et essentiel pour ré-éveiller la conscience subtile du souffle de tout ce qui se manifeste naturellement. Être immergé dans le cœur originel de la nature offre un amour englobant pour notre développement spirituel. S'immerger, se donner à la Terre, vivre en son étreinte, expérimenter la connexion d'amour de la guidance d'une Mère, demeurer au sein de son mouvement et de sa tendresse stable, permet de laisser de côté le mental et de goûter l'espace, fusionnant notre vie avec ce qui est toujours là. Lorsque nous nous écartons du cœur originel, la Terre offre d'innombrables façons de laisser tomber la complexité de l'esprit et de demeurer en l'ouverture authentique, tonalité de l'origine. Le cœur originel est le souffle de la bonté, la trame du vivant, une intention vivante, le chemin de l'expérience directe libre des limitations de l'esprit.

Les trois ciels

La pratique des trois ciels est un moyen simple et beau de se fondre en l'expérience vaste et fluide, porte d'entrée vers le cœur originel. Dans cette pratique, il s'agit de laisser fusionner le ciel extérieur, clair et bleu, avec l'espace du ciel intérieur de l'énergie subtile, et avec la qualité semblable au ciel de notre cœur. Asseyez-vous à l'extérieur avec une vue du ciel généreuse, posez-vous en faisant face à la direction opposée au soleil et respirez doucement avec la bouche légèrement ouverte. Portez en particulier l'attention sur l'expiration, et alors que votre souffle se répand doucement en la vastitude bleue de l'espace, laissez votre cœur emplir doucement vos yeux, et les trois ciels fusionner. S'offrant, s'abandonnant au travers des yeux et de notre souffle en le cœur généreux de tout ce qui vit, l'on demeure en cette sphère immense. Il est également possible de faire cette pratique allongé. Une fois que l'on a un peu d'expérience dans le ressenti des trois ciels, l'on devient capable de les laisser fusionner en tout lieu, même dans un petit abri ou dans une petite pièce.

Lorsque la totalité de notre être est ainsi immergée en cette présence claire et spacieuse, l'on est un avec le ciel du bleu, avec le ciel de la pierre, avec le ciel de notre corps, avec le ciel des insectes dansant dans l'air. Les bruits de l'esprit se sont estompés au sein de tous les ciels. Le ciel de notre cœur est en, autour, et au sein du bleu, de la pulsation du sang et du bourdonnement des insectes. Sans frontières, sans barrières ni démarcations, un instant hors du temps, sans début ni fin, et pourtant une expérience vivante, une connexion, un battement de cœur sans rythme ni mélodie ni tempo, une vibration sans fin. Un instant de cœur originel.

L'on ne peut faire cette pratique d'une façon authentique que lorsque l'esprit est vraiment réceptif et ouvert ne va pas s'immiscer dans l'expérience pour en faire sa propre création. Elle est plus utile si l'on a déjà des années d'expériences dans la pratique de la vision grand-angle et dans l'abandon des habitudes de perceptions et d'identification, et si l'on a beaucoup d'expérience dans la méditation du cœur avec la Terre, étant capable de reconnaître l'émergence spontanée du cœur originel.

Le ciel de notre cœur

Tout ce qui existe touche et est touché, inspire et expire, quelque chose d'autre, sans séparation d'aucune sorte. Toutes les qualités ne sont jamais scindées dans les compartiments de la pensée, elles sont une connaissance homogène, ressentie dans la profondeur de l'âme du cœur. L'atmosphère du ciel emplit cette connaissance sans saisie des pierres, de l'air, de l'eau et du feu, imprégnés par l'intention de la grâce. Ressentez depuis l'espace imperceptible de votre cœur, en cette connaissance sans saisie, comme si vous étiez simplement à l'extérieur de vous tout en étant pleinement immergé dans la vastitude d'une simple bonté omniprésente.

Le cœur originel est une offrande, goûtant l'étendue de tout ce qui vit, simple et sans artifices, n'atteignant pas de position élevée dans une quelconque hiérarchie de l'esprit. L'on découvre notre droit de naissance, depuis longtemps oublié et dont on se souvient désormais. Nous ne sommes rien de plus que les pierres, que le vent, que les plantes et le sol qui nous entourent. Le cœur originel est aussi leur cœur, nous ne faisons que revenir à notre maison. Suivez votre cœur ouvert vers cette brillance, ce goût lumineux et ouvert de l'unicité.

Lorsque l'on devient conscient dans notre vie quotidienne du souffle de l'essence du vivant, cela nous transforme, redirige notre vie et nous conduit en une communion plus intime avec tout ce qui émerge naturellement de l'intention de l'essence. Nous ne sommes plus qu'un souffle dans l'air, désormais sur le chemin fluide, nous conduisant en un poème à la tonalité lumineuse à la résolution tout ce qui reste de nous, simple unicité.

Relation

L'expérience vivante du cœur originel est une connaissance première et éternelle, une conscience loin par-delà la séparation, les limites et le confinement de la cognition. Le cœur originel est une conscience relationnelle au-delà des barrières et des murs élevés par l'esprit. Dans la pratique du cœur originel, l'on retourne au rythme de l'univers, dans une simplicité primordiale au-delà des discriminations, des peurs et des illusions que nous avons élaborées pour nous en maintenir séparés.

Dans le cœur originel, la présence s'ouvre naturellement jusqu'à accueillir la totalité au-delà du soi, comme expression du fond primordial de toute existence, nature manifeste, fluide, bienveillante, vaste et sans frontières, dissolution continuelle de l'eau dans l'eau. Il ne s'agit pas de se remémorer conceptuellement que l'on est cette unité que l'on n'a jamais quittée, mais plutôt de laisser la séparation s'évanouir, car elle n'a jamais vraiment existé, laissant seulement la place à l'expérience directe d'une plénitude relationnelle, expérience à laquelle on peut retourner et qui n'a pas besoin d'intermédiaire.

Toute notre société contemporaine est fondée sur des structures de séparation, les miroirs précis et déterminés de l'esprit, les limites, les règles, les frontières et les hiérarchies de toutes sortes. Nous devons nous détourner de cet esprit pathologique de la séparation. Abandonner contrôles et contrôleurs afin d'expérimenter une plénitude relationnelle naturelle non distordue et non entachée par l'esprit et sa façon de pervertir tout ce qu'il perçoit.

Le cœur originel, c'est entrer dans une relation authentique, une connexion directe avec l'intention de l'essence, une existence fusionnelle avec le mouvement de tout ce qui émerge de la radiance de l'intention. Pour permettre à ceux qui y aspirent du plus profond de leur cœur d'expérimenter la vie authentique des origines, il est nécessaire de vivre pleinement en relation avec l'expression naturelle de l'essence.

L'ouverture et la transcendance du cœur originel sont déjà imprégnées de la responsabilité à entrer en lien, une responsabilité qui ne demande personne pour percevoir un besoin et aucun besoin auquel répondre, mais qui demande seulement un mouvement libre et une réponse fluide, une danse en mouvement de la trame du vivant ; une rivière s'écoule, devenant étang, puis de nouveau rivière, avec la fluidité vivante de l'intention primordiale. La relation du cœur originel n'est pas une réponse émanant d'un individu à un autre ; elle est présence fusionnelle, réaction continuelle sans question ni réponse, une rencontre au sein de la vie elle-même.

Le mouvement et le flot de la réponse sont une ouverture transcendante au sein de notre cœur et du cœur de tout, une unité qui n'a jamais été séparée, mais seulement oubliée, puis dont on se souvient. Lorsque l'on se rappelle à cette relation, tous les murs s'évanouissent, toutes les peurs illusoires sont vaincues, et l'on réalise la béatitude de l'être circulant en soi et autour de soi, l'intention de l'essence.

Différencier

Il est pure folie d'imaginer pouvoir expérimenter le cœur originel en restant prisonnier et possédé par les mensonges de l'esprit et en se voilant la face sur les conséquences de notre chute de la grâce. Sous l'emprise de l'illusion, l'esprit crée simplement toujours plus de concepts, plus de diversions de la réalité, plus de façons de se raconter que l'on atteint un état d'être supérieur, que l'on fait partie d'une grande lignée, etc. En réalité, tout ce que l'on a fait en cédant au mensonge est de payer le loyer pour le temps passé au sein de murs couverts de miroirs reflétant une fausse dignité. Les humains de la chute veulent être trompés et trop souvent veulent se tromper eux-mêmes et tromper les autres. La pratique spirituelle authentique consiste à voir clairement et non pas remplacer un mensonge par un autre.

La pratique de la *différenciation* est utilisée par certaines traditions pour aider à voir la différence entre les mensonges de l'esprit et la perception claire du cœur originel. Mais si la différence entre le cœur et l'esprit n'a pas vraiment été comprise dans l'expérience directe au sein du monde naturel, et que le sentiment de reliance si crucial pour le cœur originel n'a pas été touché, cette pratique de la différenciation seule ne permettra pas de clarifier notre expérience.

De nos jours, la différenciation, aussi connue comme *rushen,* a été introduite à l'Occident hors de son contexte et sans considérer la nécessité d'avoir une expérience personnelle de vie avec la Terre en tant que voie d'ouverture du cœur, d'ouverture pas seulement aux êtres qui y vivent, mais à la totalité du flot de la vie qu'est le monde naturel. Sans cette expérience, la différenciation devient juste un autre jeu du mental. Avant la séparation entre le cœur et l'esprit et l'émergence de la domination de l'esprit, à une époque où le monde naturel était la base de la vie quotidienne reconnue comme telle, les personnes ressentaient naturellement une résonance, une communication fluide et continuelle avec les myriades de vies tout autour d'eux, pas seulement les humains. La pratique de la différenciation est apparue au sein des sociétés religieuses et agricoles renforçant la séparation du monde naturel et s'en remettant d'abord à des formes artificielles d'éthique et de compassion. Lorsqu'elle est pratiquée avec un cœur ouvert et une certaine familiarité avec l'expérience directe dans le monde naturel, la différenciation peut être une voie pour se connecter au degré d'empathie et de lien que les peuples originels expérimentaient et en lesquels ils vivaient.

La pratique de la différenciation, dans son propre contexte qu'est la vision de cette vie, peut être une dynamique, un concentré d'expérience de reliance avec toute vie. Elle demande la détermination de quitter tout ce que l'on connaît et d'entrer dans le monde sauvage, pas seulement le monde sauvage au sens physique du terme, mais aussi en tant que charnier de notre cœur. Il s'agit de s'engager sur ce chemin au-delà des promesses et des vœux, avec une volonté d'aller n'importe où et de tout abandonner, d'aller au-delà de toute expérience ordinaire pour suivre un chemin spirituel. Décider en son cœur de souhaiter atteindre la réalisation en cette vie avec la volonté d'abandonner tout ce qui nous maintient séparés de l'origine est un pas radical vers un niveau plus profond de renoncement et de résolution. Quelque chose dans notre cœur s'ouvre et demande de retourner à l'essence. Atteindre ce seuil consistant à abandonner tout ce qui nous entrave offre une profonde liberté. Cette liberté du cœur se reflète dans des lieux sauvages préservés ou dans d'autres lieux de solitude, de danger, de beauté et de grâce, tels les charniers des temps anciens, et au sein de cet espace libre, l'on accomplit cette pratique de la différenciation afin de clarifier notre relation avec toute vie, l'intention rayonnante de l'essence.

La différenciation est un processus consistant à séparer deux choses qui ont été mélangées. Au sens le plus littéral du terme, il s'agit de séparer la balle du grain. La pratique de la différenciation est une façon de voir la différence entre le cœur et l'esprit au travers des yeux de myriades d'êtres, qu'ils soient prisonniers d'une identité séparée ou plus ouverts et vivant dans la pure expérience du cœur originel. Partez seul dans le monde sauvage et trouvez un lieu retiré loin des hommes. Mettez-vous nus et pendant deux, trois ou quatre jours adoptez les comportements, les bruits et les émotions de tous les vivants, sous toutes les formes, les unes après les autres, par lesquelles cette vision peut se manifester pour vous. De nos jours, des zones désignées comme étant sauvages sont souvent des endroits très fréquentés, et il est possible d'être obligé de trouver un lieu sauvage sur un terrain privé afin d'être sûr de ne pas être vu, entendu ou interrompu dans notre pratique.

Une fois que vous avez choisi un site pour la pratique, asseyez-vous calmement et adressez des prières. Demandez aux êtres, aux esprits et aux élémentaux qui vivent en ce lieu de vous aider. Faites des offrandes. Ouvrez votre cœur aux sages et à toute la création. Dédiez votre vie et la pratique que vous allez accomplir comme une prière pour que toute vie puisse vivre en harmonie avec l'intention de l'essence. Puis restez un moment assis calmement et entrez dans le mouvement de la vie d'un autre être, le rendant réel, précis et détaillé. Parfois vous pouvez entrer dans cette précision en utilisant tous les sens disponibles à votre imagination, à d'autres moments mimez les bruits et les actions avec votre corps. D'une façon ou d'une autre, autorisez tout ce qui émerge dans l'expérience, bon, mauvais, probable ou improbable, venant de toute sphère d'existence, permettez à l'expérience d'être véritablement viscérale, rendez-la vivante. Lorsque vous sentez que vous êtes pleinement à l'intérieur de l'expérience de cet être, stoppez l'expérience, abandonnez-vous en votre cœur, abandonnez-vous au cœur originel et demeurez où et comme vous êtes. Sans aucune préconception, laissez votre cœur être ouvert et libre. Puis, après un court instant, permettez à un autre moment de la vie d'un autre être d'émerger en vous et répétez le processus.

Depuis que les humains se sont détournés d'une existence fusionnelle avec la Terre et la trame du vivant, la séparation est devenue la norme et des mondes d'illusions ont vu le jour. Il y a d'innombrables domaines d'expériences au sein de ce monde, des positifs et des négatifs, et vous avez probablement été en contact ou ressenti de nombreux d'entre eux au cours de votre vie :

l'hostilité et la lutte de la colère explosive, la rigidité et le ressentiment de la vieillesse avec de profondes colères refoulées, le désespoir de la soif et de la possession, la monotonie, les dangers et le confort des habitudes, les tensions des espoirs et des craintes et des choix, les pressions de la jalousie et de l'avidité, la félicité et l'orgueil anesthésiant issus de l'absorption en soi-même. Dans la pratique de la différenciation, l'accent est généralement mis sur le fait de retourner au cœur originel à partir des états de fermeture des diverses émotions négatives et de l'esprit, mais sans pour autant oublier de se connecter aussi aux aspects positifs de toute vie : la générosité de l'amour altruiste, les gestes de véritable soutien, les instants d'émerveillement innocent, que ce soit chez les humains, les animaux, les plantes ou les éléments. Laissez-les émerger naturellement et librement sans ordre particulier.

En adoptant l'identité d'innombrables êtres variés, avec leurs réactivités et leurs motivations, avec les demandes de leurs espoirs, avec leurs peurs, leurs joies et leurs colères, l'on érode les fixations de notre propre expérience, la continuité de nos habitudes mentales et de nos émotions. L'on érode aussi les derniers remparts de ces tendances habituelles : l'attachement à ce que l'on croit savoir et la fascination pour notre drame personnel. L'on voit au travers des rêves des êtres perdus dans leurs obscurcissements. L'on voit ce qui les tient éloignés de la pure expérience de l'unicité, à quel point ils sont devenus séparés de notre Mère la Terre, et ce qui les empêche d'atteindre la réalisation. Sortir de soi et entrer dans la peau d'autres, ressentir leurs souffrances et leurs joies comme si elles étaient les nôtres, agrandit la portée de notre cœur et approfondit notre compassion et le sentiment d'unicité avec tous les vivants. L'on perçoit que la nature de toute identité, incluant la nôtre, est semblable à un fantôme, et l'on comprend avec certitude que chaque expérience est une expression de la grande compassion et de l'amour de l'intention de l'essence, nous laissant, ainsi qu'à chaque vivant, voir les conséquences de nos intentions et de nos habitudes, et nous enseignant, nous guidant, nous appelant à revenir à l'origine.

Lorsque l'on entre dans les expériences de différenciation en les rendant aussi précises et réelles que possible, l'on active également notre propre dynamique d'énergie créative, le pouvoir fertile émergeant spontanément de l'essence en soi. Les visions primordiales de lumière sont l'expression la plus pure de l'énergie dynamique de l'essence, et il est nécessaire de permettre et de reconnaître cela au sein de nos propres énergies de façon à rencontrer les visions. Comme la pratique des visions de la radiance amplifie grandement la qualité dynamique de notre expérience personnelle, il s'agit d'apprendre à y rester ouvert, d'apprendre à l'autoriser sans pour autant la saisir, d'apprendre comment s'orienter au sein de la boue fluide de l'existence organique.

La pratique de la différenciation est une offrande sacrée, une prière. Mettant de côté sa personnalité et adoptant les habitudes des autres sans jugements, sans j'aime ou je n'aime pas, l'on vit directement la présence spontanée au travers du jeu libre de notre imagination. L'on perçoit que toutes les identités sont comme des manteaux que nous portons, des coquilles, la balle du grain, les couches extérieures d'une énergie plus profonde. L'on voit aussi clairement l'éclat et la force fusionnelle cachée au sein des structures de cette existence ou de n'importe quelle existence. Le point important de la différenciation ne consiste pas à mimer des désirs, des fantasmes ou des peurs, mais à reconnaître le processus par lequel toute expérience émerge, libérant ainsi le potentiel dynamique de notre expérience afin de pouvoir se consacrer de tout notre être à la pratique des visions de la radiance. Le degré d'efficacité de la pratique de la différenciation dépend du travail accompli auparavant. Comme pour toute pratique spirituelle, l'efficacité de la différenciation dépend de ce que l'on y amène, elle dépend en particulier de notre force de renoncement, de notre expérience de la vision qu'est cette vie en tant qu'expression de l'intention de l'essence, et de la portée plus vaste de notre cœur s'ouvrant à cette intention.

Le dernier jour de votre retraite de différenciation, passez quelques heures dans la posture du *cadavre* pour chaque jour passé à incarner les sphères d'existence. Par exemple, une demi-journée de cadavre pour trois jours et demi de différenciation, et ainsi de suite. La pratique du cadavre calme et restaure les énergies subtiles après avoir accompli la différenciation. Il s'agit de devenir le corps physique d'après la mort. Allongez-vous parfaitement calme, sans capacité ou nécessité de bouger, sans besoin de dormir, de manger, de se défendre ou de prendre soin de quoi que ce soit. Votre seule fonction est de se dissoudre et de s'abandonner aux forces physiques du déclin, laissant les éléments du corps se dissoudre naturellement.

Cœur originel Nature originelle

Grâce Primordiale

Refuge de Terre

Refugia : *endroit pouvant permettre à des organismes de survivre en temps de circonstances adverses environnementales ou sociales*
Relique : *une espèce qui fut auparavant répandue et qui survit au sein de petits groupes et dans de petites zones*

Un refuge de Terre dans le cœur originel est une dynamique de transformation et de création qui est seulement définie par ce qui émerge spontanément, le jeu actif, continuel et nourrissant de l'ouverture, de la fluidité et de l'espace. Au sein de cette improvisation naturelle, émergeant de la vision qu'est cette vie, tout bouge ensemble, de cœur à cœur, dans l'instant, avec fluidité, spontanément. L'on est dans un mouvement organique sur un chemin d'ouverture et de transcendance, se déplaçant uniquement en direction l'unicité, l'union avec l'origine.

Mais les pratiquants du cœur font désormais face aux défis d'un cheminement spirituel dans une époque où notre planète est en crise et que l'humanité s'enfonce profondément dans la folie. De telles époques requièrent des actes particuliers et des gestes du cœur afin de s'opposer et de survivre aux actions absurdes et insensées de notre espèce. Ces gestes, inhérents à la bénédiction et à la grâce présentes en toute vie, sont des prières pour qu'un futur plus favorable puisse émerger des cendres de cette folie. Un refuge de Terre est l'un de ces gestes. Sa capacité à changer les choses n'a pas à être prouvée au monde ni à être reconnue par quiconque, car les anneaux de la réalité se propagent au sein de l'univers aussi naturellement qu'une pierre tombant dans une mare fait se répandre des cercles à la surface de l'eau, touchant toute chose, flot ondulant d'une brillante intention et d'une prière, pour revenir à une vie dans le cœur originel.

Un refuge de Terre est l'un de ces actes fondamentaux. Son essence est de revenir à l'ouverture et à la fluidité du cœur originel. La pratique y est de vivre le cœur originel à toute heure du jour et de la nuit, sans essayer de le faire ou d'y penser, entrant en une relation fluide, d'instant en instant, avec la manifestation de la vie, retournant au flot et au rythme naturel du cœur. La prière est de vivre cela jour et nuit dans l'expérience d'amour du chemin. Le rituel est d'amener chaque respiration, chaque pas en cette expérience de non-séparation. La cérémonie est le cercle, les personnes du cœur, partageant une même intention et un même but, une solitude et une communion, une dimension individuelle tout en étant à la fois reliés à toute chose. L'instruction est l'intention de l'essence se manifestant comme le monde naturel. La frontière est tout ce qui se manifeste naturellement au sein de la vision de la vie, une frontière qui s'étend sans limites.

Une vie spirituelle avec la Terre est une vie vécue au sein du cœur originel, dans une relation sans séparation et de cœur à cœur avec notre Mère la Terre. Cela demande une ouverture fluide, une connaissance au-delà de l'intellect, une atmosphère qui ne pose pas de frontières, un développement au-delà du progrès et de l'espace, un amour vécu dans la puissance de l'intention. Vivre dans un refuge de Terre est un support crucial pour l'intention de ce chemin. De simples refuges confinés dans la terre, construits avec des matériaux naturels, permettent de vivre et de pratiquer entourés par le pouvoir bienfaisant et la profondeur absorbante de la Terre. Ces habitations sont fraîches en été et chaudes en hiver, et elles sont ancrées à la fois physiquement et spirituellement. Elles sont construites sur de bons endroits accueillants et sont suffisamment espacées les unes des autres pour permettre à chaque membre de la communauté de retraite une intimité et une relation directe avec les plantes, les oiseaux, les insectes, les animaux, les reptiles, les éléments qui les environnent et avec la Terre elle-même, tous comme les membres d'une famille.

Au sein d'un refuge de Terre, de petits groupes de pratiquants du cœur se soutiennent mutuellement dans leur prière spirituelle pour une vie en totale immersion et symbiose. Tous se rassemblent pour produire leur propre nourriture et s'entraider dans la construction et l'entretien de leur refuge, prenant soin les uns des autres lorsque quelqu'un est malade, créant un cercle d'intention, veillant à ce que chacun ait assez pour subvenir à ses besoins pour ce voyage continuel vers l'union ultime. L'on devient une prière de la Terre et du cœur alors même que l'on expérimente en cette époque l'affaiblissement du pouls de notre Première Mère. Un refuge de Terre est une prière pour retourner à l'origine du cœur et une prière pour que la pulsation de la Terre puisse redevenir puissante.

Cœur originel Nature originelle

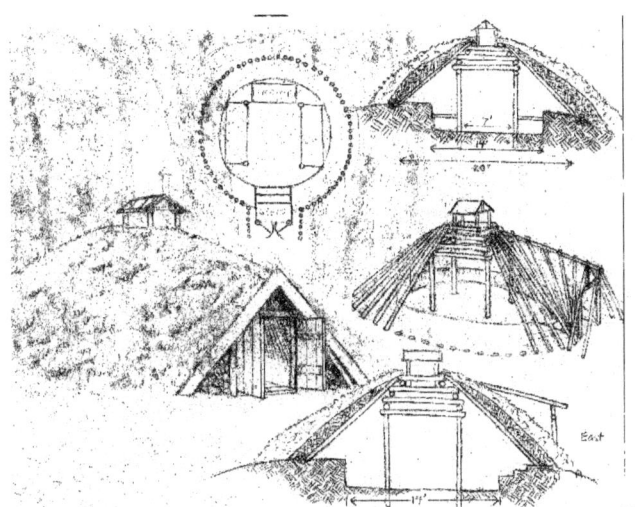

Construction d'un refuge de Terre

Un refuge de Terre est une relation personnelle avec la Terre et avec l'intention sacrée de l'essence, une relation qui influence complètement notre vie spirituelle, jusqu'à la façon dont nous construisons notre refuge en lien avec ce que le terrain offre naturellement. Dans ce qui suit, nous partageons comme exemple une sélection de nos mémoires, décrivant comment nous avons établi notre retraite dans les montagnes du Nord de la Californie.

Nous étions plus qu'enthousiastes à l'idée de pouvoir enfin entrer en retraite. Durant les semaines qui suivirent, nous avions cherché dans la montagne lorsque nous en avions le temps. Le territoire était très pentu, et il était difficile de trouver une petite butte permettant d'évacuer l'eau sur les quatre côtés. Nous avons finalement trouvé un lieu, à 25 minutes de marche au-dessus du monastère tibétain, sur une petite terrasse presque plate composée principalement d'arbousiers d'Amérique et de sapins. Au travers de l'écran d'arbres poussant sur la pente plus raide en contrebas et des grands troncs d'arbres plus proches de nous, les sillons de colonnes grises et marrons de sapins Douglas et les formes courbes et musclées à l'écorce rouge des arbousiers, nous pouvions apercevoir de petits carrés de lumière du ciel et la rivière de l'étroite vallée loin en dessous. Ce n'était pas vraiment un point de vue, mais il y avait là une ouverture plus douce, un endroit où nous sentions que les éléments nous invitaient à demeurer. Nous avons fait des prières pour ce lieu et notre retraite, ressentant une sensation de bénédiction et une chaleur auspicieuse nous entourant. Nous avons exploré un peu plus loin, et à environ 500 m en contrebas d'un vieux chemin de biches nous avons trouvé un endroit caché le long d'un petit ruisseau qui avait échappé aux dommages causés par des années d'exploitation forestière et minière, un lieu de guérison fertile avec des peuplements de prêles, de gingembre sauvage et d'autres plantes médicinales sous de grands et vieux érables et chênes recouverts de mousse, un endroit où nous pourrions aller chercher de l'eau chaque jour.

Nous avons déménagé dans la montagne à la mi-août, avons installé une tente de randonnée, et avons commencé à creuser. Nous avions creusé à peine moins d'un mètre lorsque nous avons rencontré une couche dure de schiste. Cela nous a obligé à changer nos plans et nous avons alors construit une habitation semi-enterrée, à moitié dans et à moitié hors de la terre. Le trou circulaire faisait un peu plus de quatre mètres de diamètre. Au centre nous avons disposé quatre poteaux de deux mètres de haut et écartés les uns des autres de deux mètres, connectés par plusieurs poutres formant une sorte de structure carrée s'amincissant au-dessus en forme de cheminée. Nous avons disposé en cercle contre la structure des perches écorcées, formant une sorte de petit tipi qui se prolongeait sur tous les côtés d'environ un mètre au-dessus de la partie excavée. Puis nous avons cloué des branches écorcées tout autour des perches, formant une sorte de panier, laissant un trou pour la fumée au centre. Comme il n'y avait pas suffisamment de stock d'écorces pour le toit, nous avons ajouté une couche de bâche noire. Nous l'avons recouvert à l'extérieur avec toute la terre que nous avions sorti en creusant le trou et avons entassé sur la terre une épaisse couche de feuilles mortes, brindilles et petites branches. Nous avions construit une grotte.

Pendant le jour, il y avait toujours une douce lumière venant du trou pour la fumée, et la nuit dans la lueur chaleureuse d'une bougie, les perches écorcées ressemblaient à des rayons dorés se répandant depuis le centre du toit. Même la bâche plastique noire avait sa beauté, ressemblant au ciel nocturne se montrant entre les branches et les poutres. L'air circulait dans l'espace à partir de deux petites ouvertures filtrantes au-dessus de la porte jusqu'au trou pour la fumée et plus tard jusqu'à une coupole filtrante. C'était assez serré, mais nous avions

Grâce Primordiale

Notre refuge de Terre fondu dans la forêt

assez de place pour un autel, un lit une place pour chacun d'entre nous pour dormir et pratiquer dessus, une étagère en terre tout autour pour nos possessions stockées dans des boites en plastique, et plus tard un petit poêle à bois au centre. Sous les couches isolantes de débris de forêts et de terre, l'abri était assez confortable, drainait l'eau et maintenait des températures stables, frais en été, chaud en hiver, ne descendant jamais au-dessous de 10 °C. Afin qu'il y ait le minimum d'insectes et d'animaux dans la maison, nous cuisinions sous une bâche à une bonne distance de là. Hormis notre futur petit poêle à bois, le seul confort moderne dans l'abri était une porte à charnière d'un peu plus d'un mètre de haut. Cette entrée basse à l'Est avec une ouverture ronde en forme de dôme nous rappelait la tortue de la forêt de Pine Barrens. Nous étions chez nous.

Nous savions que ce temps de refuge spirituel était notre voie pour aller au bout du chemin du cœur originel et des visions de la radiance. Telle était notre voie vers le sacré en laquelle nous pourrions nous ouvrir au sein du cœur de la Terre. C'était un endroit pour revenir à l'origine, un endroit pour nous nourrir, un endroit pour explorer l'intérieur et nous permettre de nous ouvrir à la totalité de la grâce primordiale.

Nous nous sentions chanceux d'avoir pris le temps d'apprendre des techniques traditionnelles de vie connectée à la Terre, avec cette conviction d'être un avec la Terre et de pouvoir vivre avec elle, laissant tomber la peur qui en maintient l'homme moderne séparée. Nous ressentions une liberté intérieure dans notre vie quotidienne en nous rappelant que nous faisions partie de cette perfection naturelle, quelque chose dont les yogis du passé qui pratiquaient dans le monde sauvage ou dans les charniers étaient familiers depuis leur enfance.

Nous étions pourtant encore confrontés à la catastrophe grandissante de notre monde moderne ; la solitude et la pratique ne faisaient que nous y rendre plus sensibles. C'était tout proche, l'écho continuel des camions, des voitures et des motos se répercutant le long de la grande route de l'autre côté de la rivière de cette étroite vallée était un rappel permanent de la folie et de la souffrance de notre temps.

Le terme « retraite » souvent utilisé pour désigner une période spirituelle à l'écart peut être trompeur. Repli, défaite et fuite face aux difficultés ou aux dangers sont en premier mentionnés dans le dictionnaire avant isolement, réflexion et prière et aucune de ces définitions ne parvient vraiment à évoquer le processus dynamique, intense qu'un véritable refuge de Terre implique.

Nous avions décidé que les limites de notre refuge incluraient le fait d'y rester autant que nécessaire pour atteindre le terme du chemin. Nous quittions rarement le lieu, sauf pour quelques enseignements et pour les urgences médicales. Notre lien énergétique avec la Terre en ce lieu était un réel soutien : avec la butte, l'abri, le ruisseau, le chemin que nous empruntions pour aller chercher de l'eau, et avec notre pratique, il y avait comme une force viscérale élastique, une intention d'atteindre le bout du chemin. Il y avait aussi un soutien d'un autre type avec la monotonie et la simplicité de nos journées, de notre cadre temporel et spatial. Nous nous levions très tôt avant l'aube pour une session entière de pratique avant le petit déjeuner, une seconde longue session avant le déjeuner, quelques tâches quotidiennes selon les besoins après le déjeuner, puis une autre session en fin d'après-midi, suivie d'un dîner léger et d'une session plus longue jusque dans la nuit. Nous nous levions de nouveau tôt et recommencions de même, sans congés, sans vacances, sans week-ends, et sans jours de pause.

C'était l'emploi du temps de base de nos journées, mais bien vivre la pratique dans un refuge spirituel est un art subtil. Lorsque l'on s'assoit il est nécessaire de garder l'immobilité tout en étant relaxé. La tension de la rigidité est un mouvement en soi, un maintien constant opposé au mouvement. La façon dont nous organisons notre temps est similaire ; une extrême ponctualité peut devenir une distraction autant que le laisser aller. Comme dans l'atelier lorsque nous étions artistes, nous étions là pour suivre une intention en profondeur dans notre cœur. Tout le reste s'organisait autour de ce but principal, cette nécessité brûlante de reconnaître et de retourner en la parfaite complétude de l'essence.

Toutes les activités et pratiques quotidiennes peuvent nous conduire à une ouverture inconnue jusqu'alors, mais le processus peut aussi être difficile, une tâche fastidieuse. Nos habitudes et nos émotions sont toutes là, de même que les problèmes de santé, les maladies, et les remontées d'énergie subtile. Tout cela ainsi que d'autres difficultés peuvent apparaître pour soi, non pas contre soi, afin de nous aider sur le chemin. Lorsque l'on réalise dans notre expérience que ce sont la saisie, la fixation et le déni qui nous enferment, et pas les difficultés elles-mêmes, nous lâchons prise. C'est ce changement essentiel, cette différence qui permet plus facilement de faire l'expérience d'un cœur ouvert et spacieux, semblable au ciel, et pourtant plein de sa propre grâce.

Nous étions tous les deux d'un âge moyen lorsque nous sommes entrés en retraite, et nous savions que c'était là notre dernière chance. Nous transportions l'eau ou la nourriture sous la pluie ; même lorsque nous étions malades ou fatigués nous devions encore pourtant remonter. Nous avons ainsi persévéré. La simplicité de notre vie, dépouillée et sobre, fut le socle, la base de notre pratique, et la présence continuelle de la forêt, de la Terre, la pluie, les tâches simples, sont non seulement devenues une force nous encourageant sur le chemin, mais aussi un reflet de la pratique elle-même.

Faire tout cela était pour nous un choix. C'était la façon dont l'opportunité de nous plonger dans la voie avait pris

Grâce Primordiale

forme, et nos cœurs en étaient infiniment reconnaissants, même si nos corps trouvaient parfois dur de transporter encore des seaux de nourriture jusqu'à la bâche de la cuisine pour préparer le troisième repas de la journée sous une pluie battante et glaciale. Il est possible d'expérimenter l'absence de confort moderne de tant de façons, et cette rupture dans le mode de vie, induite par le mode d'organisation de son refuge, modèle en permanence chaque instant, chaque aspect de la vie, des relations avec la famille, des souvenirs, de la souffrance et des frustrations, tout. Nos difficultés n'avaient pas le drame ou la beauté fascinantes d'être entourées de neige en haute montagne. Nous avions plutôt droit à des ciels gris, à la pluie, au mildiou, à la moisissure, à l'humidité d'une enceinte de forêt nous servant de cadre pour l'étape finale de ce long processus d'abandon. La partie la plus difficile fut d'être coupé du ciel, mais même cela devint finalement empreint d'un pur bonheur, d'une joie calme et sauvage enracinée au cœur de l'essence du vivant, car nous avions trouvé dans notre pratique ce que nous cherchions : la liberté semblable au ciel.

2ème PARTIE

La Voie Visionnaire de la Radiance

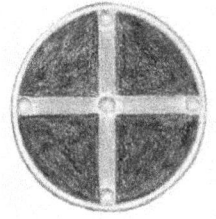

S'il vous plaît, veuillez respecter ce texte. Vous tenez entre vos mains l'opportunité d'une pratique primordiale et sacrée, une connexion à tous les sages anonymes qui ont parcouru cette voie. Ne pratiquez pas la voie de la radiance avant d'être capable de reconnaître le cœur originel, car cette voie ne se développera pas de manière authentique sans cette reconnaissance cruciale. S'il vous plaît n'enseignez ni ne guidez personne dans cette pratique visionnaire de la radiance avant d'avoir vous-même réalisé les quatre visions de cette voie.

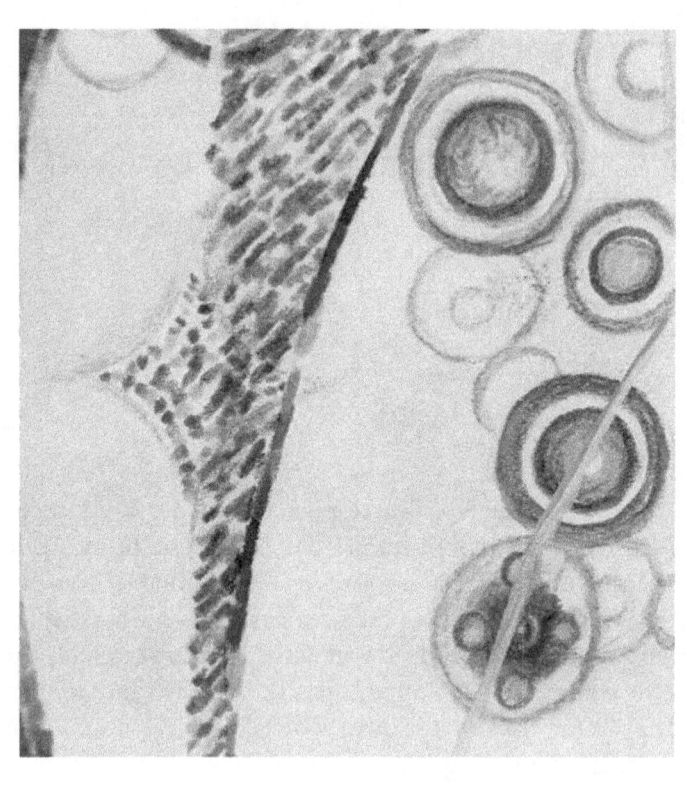

Joie primordiale

Des bulles se forment à la surface d'un étang sous une pluie légère. Elles apparaissent soudainement et persistent un moment. Quelques-unes s'assemblent pendant que d'autres s'éloignent en glissant. Les couleurs de l'arc-en-ciel chatoient sur leurs courbes fragiles devenant de plus en plus délicates, réseau lumineux éphémère s'étendant et s'amincissant jusqu'à l'éclatement, structures d'espace et de temps disparaissant aussi soudainement qu'elles sont apparues, essence, sphère, essence.

Après avoir suivi la voie de l'abandon, avoir appris la façon d'ouvrir son cœur, de développer un esprit ouvert et après avoir reconnu le cœur originel, l'on arrive au seuil d'un nouveau départ. La graine du cœur initie le mûrissement du chemin au travers de la pratique visionnaire de la radiance. C'est comme l'on devenait une sphère chevauchant l'essence, de moins en moins contraint par le temps, l'espace, la forme et la distance, de plus en plus une unité au-delà de la séparation, une unité de toute expérience, de tout phénomène, qui se résout en un instant, essence, essence, essence.

Grâce Primordiale

La voie visionnaire de la radiance est une voie du retour vers le point d'origine, exactement comme lorsque l'on trace un cercle. Dans le mouvement d'une ligne glissant autour et s'incurvant en arrière pour se fondre sans trace avec elle-même, dans une complétude présente dès le commencement. Le processus entier de la réunion à l'origine se reflète tout autour de nous dans le monde naturel qui nous apprend avec une infinie patience à reconnaître notre place au sein de sa présence. Les cercles et le mouvement du retour à l'origine sont des expressions de la nature cyclique de la radiance de l'essence qui tisse l'expérience de la totalité du monde au sein duquel nous nous trouvons. Ils sont la base de la voie de la radiance et donnent forme à toute la manifestation, des atomes, molécules, orbites de particules subatomiques, jusqu'aux planètes, aux étoiles et à la danse de leur mouvement au sein des mouvements plus larges de l'univers lui-même.

Les cercles et les cycles depuis le point d'origine sont apparents de toute part. Les bulles se forment et disparaissent à la surface de l'eau sous une pluie légère, les arcs-en-ciel fleurissent dans un ciel brumeux, les graines germées poussent, mûrissent et forment de nouvelles graines, les eaux s'écoulent en ruisseau de montagne vers de larges rivières menant à la mer puis retournent au ciel et aux nuages et retombent à nouveau en pluie sur les sommets montagneux.

Une graine lumineuse ou une sphère de ce cycle sacré est dans le cœur de chaque être, attendant d'être éveillée et de ramener à l'essence au travers des visions de la radiance, un processus visionnaire spontané et dynamique émergeant du cœur et de la base de toute expérience. Les visions sont le message cohérent d'une intention divine apparaissant de la même manière et selon une même séquence pour chacun. Elles sont un droit de naissance primordial pour chaque être, une profonde connexion avec l'essence manifestée dans sa forme la plus pure. Imprégnées de la pure joie du devenir, elles offrent une voie naturelle, limpide, libre des biais de langage ou de culture. Les quatre grandes visions de la radiance deviennent l'enseignant exactement comme la terre a été notre enseignant au travers de l'expérience directe du cœur depuis notre naissance.

Sur cette voie primordiale l'on demeure dans le cœur originel, le corps et les yeux dans des postures spécifiques et l'on pratique le regard et une respiration spécifique pour ouvrir un canal subtil qui mène du cœur aux yeux. Nourri par le terreau fertile du cœur préparé grâce à toutes les pratiques précédentes, la graine lumineuse du cœur s'ouvre et commence sa croissance vers les yeux donnant naissance à l'expérience fluide et continue nommée « quatre visions ».

Les visions de la radiance mènent à l'unité par la guidance du champ de la présence spontanée, un lien concret avec la radiance de l'essence. C'est une expérience de joie intégrale. Posé dans le cœur originel, percevant la graine de lumière et sachant en notre cœur que l'on est immergé dans la perception directe du sacré, l'on entre dans la voie finale, une voie de lumière vivante à la frontière de l'essence, le point de l'origine, une connaissance joyeuse et sacrée.

Les êtres saints d'avant la chute suivirent les signes et les cycles de la terre, de l'eau et du ciel, de la lune et du soleil, de graine à graine. Ils découvrirent la graine lumineuse dans leur cœur au travers de la vision qu'est cette vie, grâce aux rayons du soleil, à l'eau de leurs yeux, et à la lumière de leur cœur. Ils contemplèrent, attendirent et permirent ; ils suivirent leur cœur sans hâte, suivant l'intention de l'essence, permettant aux visions de la radiance de se manifester.

Lorsque l'on vit dans la reconnaissance de la trame de la vie, et que l'on contemple absorbé dans les visions, l'on rejoint tous les êtres saints au travers du temps, de l'espace et au-delà, qui sont allés au bout des quatre visions. Ces mêmes visions, cette même radiance nous pénètrent et nous rejoignent. Notre cœur fusionne avec le cœur des êtres saints et avec le cœur de tout. Notre pratique est comme une prière vivante en communion avec leurs prières.

Joie Primordiale

Radiance intérieure

La radiance intérieure est une expérience plus profonde de la luminosité naturelle du cœur. C'est l'intention de l'essence au sein du cœur qui fleurit et qui s'ouvre au-delà des pensées ou de la description, fluide, en fusion, joie lumineuse, évanescente et pourtant palpable, apparaissant comme tout autre objet et n'importe où, depuis la goutte de rosée brillante sur une feuille au petit matin jusqu'à la lumière de votre propre cœur. La radiance intérieure est la lune dans un ciel clair avant l'aurore, la tige et les feuilles translucides éclairées d'une jeune plante, l'arc-en-ciel vibrant de couleur, le corps iridescent d'une cigale... C'est l'expérience intensifiée du cœur originel qui émane de notre cœur comme une lumière à travers le ciel avec une joie innocente.

À mesure que la pratique du retour au cœur originel s'approfondit, la radiance intérieure commence à fleurir naturellement, s'étend, poussant vers l'extérieur, jusqu'à ce que, comme le calice de pétales autour du nouveau bouton de fleurs, la membrane de l'ignorance se déchire, permettant à la gloire de cette lumière intérieure d'apparaître, comme la réponse naturelle d'un cœur clair et lumineux. Lorsque la radiance intérieure se fait jour, elle s'ouvre comme une fleur , à la fois au sein de notre cœur et au sein du monde, gloire d'unicité, effulgence d'une lumière intérieure, ouverte et douce, réceptive à tout. Les restrictions tombent, seule la lumière subtile du cœur demeure, infusant et transparaissant dans tout ce qui est perçu.

Grâce Primordiale

Afin de permettre à la trame même du vivant de nous guider, il est nécessaire d'être capable de permettre puis de s'en remettre complètement à la force de guidance de cette lumière au sein de notre cœur.

Demande sacrée

Revenir au cœur originel conduit à la vastitude naturelle au sein de notre expérience familière. La voie visionnaire de la radiance change intégralement notre expérience. Lentement, en douceur, silencieusement, d'une façon régulière, le déploiement des visions amène littéralement au-delà de toute expérience, prenant comme voie la manifestation même de l'énergie de l'essence, transformant notre être même.

Il est nécessaire de s'assurer d'avoir préparé le terrain et entretenu le sol de son cœur avant de s'engager dans cette voie. Afin de permettre aux visions d'apparaître naturellement, il est nécessaire de s'unir à la Terre nourricière du cœur. Il nous faut devenir Terre, réceptif, accueillant, humble et dévoué, pour pouvoir rejoindre les êtres saints. Afin que les visions apparaissent de manière authentique, il est crucial d'expérimenter le cœur originel en relation avec le monde naturel, avec une ouverture venant du cœur et non pas comme une construction mentale. La voie de la radiance ne concerne pas la génération ou le maintien d'une image. Les visions de la radiance ne sont pas des expériences mentales ni des visualisations. Elles sont la perception directe de la radiance de l'essence. Le processus ne consiste pas en une expérience fondée sur les points subtils d'un enseignement ni de se fixer sur une expérience pouvant apparaître dans la pratique ou dans l'esprit. Il est nécessaire de savoir différencier l'esprit et le cœur, et d'avoir pris la responsabilité de son propre chemin spirituel. Si l'on a un guide humain qui a accompli la voie de la radiance à partir du cœur, il est possible de recevoir ses conseils si le moment est venu pour soi de s'engager dans cette voie. Il est plus que probable que, durant la fin de cet âge et le début du prochain, vous vous retrouviez seul, au mieux avec ce livre. La connaissance et les bénédictions viendront à vous, vous guidant vers la résolution finale.

La voie de la radiance consiste à entrer en union avec la lumière vivante, devenant pleinement engagé avec les visions, l'intention au sein de la radiance devenant l'enseignant, nous guidant vers l'essence. C'est la voie de l'absence de doute. Une connaissance non mentale émerge en notre cœur que cette intention vivante infuse en toute vie, incluant le nôtre, et qu'il est possible d'atteindre l'accomplissement dans cette vie.

Une fois que la graine du cœur a initié le cycle des quatre visions, la croissance de la vision est très comparable à la manière dont une graine germe dans un sol riche et sort à la surface. Lorsque l'on arrive à une humilité authentique, à un esprit de renoncement, à un cœur ouvert et à un esprit qui permet, la potentialité de développer la graine du cœur existe. La graine de lumière s'empresse avec une énergie à la fois délicate et pourtant dotée de force de pousser vers le haut, vers la porte où les visions deviennent manifestes. La jeune pousse de lumière s'élève du renoncement, de l'ouverture, de la fluidité, de l'amour et de la compassion, qui nourrissent alors sa croissance. Émerveillement délicat, tendresse, accueille, douceur que la grâce elle-même amène sur la voie. Les visions de radiance sont un cycle vivant, changeant, qui demande d'être nourri ; vous devez vous donner entièrement à la pratique pour lui permettre de continuer. Cela requiert d'être en retraite de longue durée. Si les visions commencent à s'élever, il y a là une demande sacrée. Un présent rare et précieux s'ouvre dans votre cœur. Ne le prenez pas à la légère.

Tout le monde n'est pas appelé par cette voie de la radiance. Lorsque l'on est véritablement appelé depuis les tréfonds de son cœur à être immergé dans la grâce ineffable de la fusion avec l'essence, s'effaçant complètement dans l'unité à l'origine de tout, l'on souhaite tout abandonner, tout rang ou pouvoir, tout badge d'identité, l'on se sent prêt à mourir si nécessaire pour vivre cette voie. C'est une voie de mystique, la voie de la complète fusion avec le grand cœur du tout. C'est la voie naturelle déjà présente dans le cœur de toute création ; non pas une voie de l'esprit et du pouvoir, mais la voie de l'amour et de l'ouverture de l'interrelation dont chacun de nous, conscient ou non, est déjà une partie. La joie particulière de ce chemin vient de l'immensité de la beauté et de l'amour avec laquelle on est accueilli de retour à la maison.

Couleurs

Le rideau de pluie se déplaçait vers l'est au coucher du soleil. Les nuages s'écartèrent à l'Ouest pour permettre aux derniers rayons du soleil de bénir la terre. Un arc-en-ciel de couleurs intenses apparut soudainement, vibrant dans l'humidité grise de l'air, puis un second, lentement au-dessus du premier. Deux arches parfaites s'élançant à travers le ciel, bandes de couleurs lumineuses dans la douceur du crépuscule. Les lignes transparentes d'un rose et turquoise délicats ondulaient sur la frange inférieure de l'arche interne, écho d'une autre grâce, vie intime de l'arc-en-ciel. D'épais nuages gris derrière le double arc commencèrent à s'écarter, révélant un profond bleu cobalt, vibrant et luminescent, illuminant l'Est, dissolvant les lointaines montagnes et le ciel du soir en une même radiance bleutée.

L'essence pénètre toute vie. Il n'y a rien qui ne soit essence. L'essence existe comme la profondeur bleu nuit de tout et dans le cobalt incandescent du ciel crépusculaire, rien et non rien, pur potentiel primordial apparaissant spontanément comme couleurs de l'arc-en-ciel et comme lumière manifestant toute apparence, tout phénomène que nous expérimentons dans notre vie. Le cobalt, l'azur, l'ultra marine du ciel, le gris perle de la brume nuageuse, l'humidité ou la sécheresse de l'air, la chaleur douce ou intense du soleil, tout se tisse en des motifs plus ou moins complexes à partir des couleurs élémentaires elles-mêmes.

Rouge-orange-jaune, blanc-vert-bleu, indigo-violet-lavande, rose aurore, bleu ciel, les profondeurs turquoise de l'eau claire, couleur sur couleur, déployées comme les éléments sacrés, terre, air, eau, feu, et espace, comme les directions sacrées Nord, Sud, Est, Ouest, Centre, Nadir et Apex. À partir des grandes énergies cardinales de cette vision partagée que nous appelons vie jusqu'aux plus minutieux détails, tout est né de et saturé par la lumière vivante, message d'une intention primordiale qui nous entoure dans le monde naturel et qui peut être lu au plus profond de notre cœur.

De nombreuses cultures reconnaissent la nature sacrée des directions, des couleurs et des éléments de base. Les cartes peuvent différer à cause des paysages locaux et de la position sur le globe terrestre, mais elles reflètent toutes la reconnaissance d'un pouvoir naturel sacré, d'une force de guidance, d'un compas sacré au sein duquel nous vivons. Toutes les expériences de ce monde sont dotées de toutes les qualités du sacré. Il est possible de remonter à partir d'elles jusqu'à l'essence, d'apprendre d'elles au sein de son propre cœur et, au travers des visions de la radiance, l'on est amené à voir et à expérimenter directement l'organisation et la forme fondamentale de notre monde comme un mandala de cinq sphères de couleur, quatre sphères autour d'une centrale.

Grâce Primordiale

Cet arrangement en croix symétrique représente la base même de l'émanation dans laquelle les couleurs, éléments et directions sont arrangés naturellement en un tout, une union au-delà de toute séparation, mais au sein de cet équilibre dynamique, cinq couleurs clairement distinctes sont parfois individualisées comme facteurs représentant diverses qualités. Elles sont parfois présentées comme des supports pour affiner notre reconnaissance des cinq qualités de la radiance intérieure. Dans ce groupement de couleurs, elles sont utilisées comme moyen de devenir plus conscient des tendances de l'esprit à saisir et à inhiber l'expérience authentique du cœur originel, l'empêchant de fleurir en la radiance intérieure.

Dans les visions de la radiance, la palette de couleurs est beaucoup plus dynamique et il y a littéralement des océans de qualités qui émanent du cœur hors de toute classification. Nous offrons la liste qui suit comme point de départ pour reconnaître non seulement les pièges par lesquels l'esprit peut affecter l'expérience du cœur originel et de la radiance intérieure, mais également pour reconnaître le pouvoir créateur des couleurs elles-mêmes en dehors de toute classification et de tout système. La présence et les qualités des couleurs sont également une expérience directe du monde naturel. Les couleurs chaudes apparaissent en premier et sont plutôt engageantes alors que les couleurs plus froides calment et permettent une sensation d'espace, comme le bleu du ciel et celui de la distance. Le vert soigne et est la couleur de la force vitale des plantes, etc.

Joie Primordiale

Rouge

La couleur rouge est associée à l'élément feu. La nature irradiante du rouge et du feu allume et réchauffe depuis les globules rouges de notre corps jusqu'à la chaleur éclatante d'un feu de camp. Elle inspire et procure créativité et félicité méditative. Le rouge est l'aspect de la radiance qui illumine et apprécie les myriades de formes de manifestations, mais sans se perdre dans les détails. Si l'esprit saisit la richesse de cette perception, il corrompt cette énergie dans la saisie et l'attachement du désir.

Jaune d'or

La couleur jaune d'or est associée à l'élément terre. La nature irradiante du jaune d'or et de la Terre est équilibrante. Depuis les ors des grains récoltés et de la lumière du soleil à la richesse du beurre et des jaunes d'œufs, le jaune nourrit et accroît les qualités positives créant une abondance interconnectée dans laquelle tout est égal. Le jaune d'or est l'aspect de la radiance qui exprime l'enracinement et la stabilité de l'unité. Si l'esprit saisit cette générosité de la perception, il devient pris dans la jalousie.

Blanc

La couleur blanche est associée à l'élément eau. Comme un grand lac, la nature irradiante du blanc et de l'eau est lucidité, fluidité, calme, réfléchissante. Le blanc est l'ouverture de la radiance, reflétant clairement tout ce qui apparaît devant lui et sans être pour autant perturbé par ses reflets. Lorsque l'esprit s'immisce avec ses visions partisanes, les qualités réfléchissantes de la lucidité de l'eau et du blanc sont troublées, ternies et perturbées ; l'esprit peut solidifier cette expérience en colère et en rancœur.

Vert

La couleur verte est associée à l'élément vent. La nature irradiante du vert et du vent est mouvement, fraîcheur, vitesse, activité vivante. Le vert de la chlorophylle supporte littéralement toute vie et croissance sur la Terre. Le vert est l'aspect de manifestation de la radiance. Si l'esprit s'approprie cette énergie de manifestation, il succombe à l'orgueil, s'identifiant à celui qui fait et à l'effort de faire, plutôt que de voir que tout apparait spontanément et est déjà accompli d'instant en instant.

Bleu

La couleur bleu est associée à l'élément espace. La nature irradiante du bleu et de l'espace est expansion, vastitude et omniprésence, depuis le bleu du ciel jusqu'aux nuances brumeuses des montagnes lointaines et la profondeur de la mer. Le bleu est l'aspect de la radiance qui connaît sans connaître l'unité. Si cette qualité de vastitude omnipénétrante n'est pas reconnue ni acceptée par l'esprit, ce dernier prendra le pas sur le cœur et demeurera empêtré dans l'ignorance, avec les limitations habituelles venant du fait de se saisir comme une entité séparée.

Lorsque l'on est dans les visions de radiance, l'on arrive à une expérience de plus en plus profonde de la radiance des couleurs, expression primordiale de l'intention de l'essence. Les couleurs perçues dans les visions sont plus que de simples phénomènes optiques, des symboles ou des apparences superficielles. Les couleurs sont vivantes au-delà de la gamme des cinq, au-delà de toute catégorie et avec une qualité de vivacité au-delà de la perception ordinaire. Lorsque l'on s'approche de plus en plus près de l'essence à travers les visions, elles sont perçues directement telles qu'elles sont, forces élémentaires, trame véritable du vivant au-delà des concepts d'espace et de temps.

Les Lampes Cœur et les Voies

Les instructions de base pour la pratique visionnaire de la radiance sont rassemblées en lampes cœur et en voies. Ce sont des reconnaissances et des techniques sur lesquelles l'on s'appuie pour se guider et éclairer notre expérience. Les trois premières lampes cœur forment la base de l'apparition des visions. Les voies sont des méthodes permettant et facilitant la pratique. Le second groupe de lampes cœur clarifie la pratique effective et nous les introduirons plus tard après les sections sur le regard.

Joie Primordiale

La Lampe Cœur de la Graine du Cœur

Les visions de la radiance émanent d'une graine lumineuse du cœur, l'intention de l'essence présente comme graine de lumière vivante en tout ce qui émerge naturellement. La graine du cœur est un cadeau parmi les cadeaux, semblable au soleil, au ciel, aux yeux, à l'ouverture du cœur et à la radiance d'une flamme de bougie, tout manifeste un sublime chemin vers cette grâce du retour à l'origine, déjà présente en notre cœur.

À travers la voie du cœur originel et de la Terre cette graine est allumée initiant le cycle des quatre visions de la voie visionnaire de la radiance. Dans cette pratique des visions, l'intention sacrée au sein de la graine du cœur apparaît sous la forme de cercles aux couleurs d'arc-en-ciel, de rosaires de lumière, de silhouettes de divinités et d'êtres sacrés et d'autres expressions des visions, fusionnant avec soi, et purifiant le cœur de notre être. Les visions sont une fluidité au-delà d'allées et venues, une vaste mer de formes lumineuses manifestes se reflétant dans le cœur. Cet immense déploiement déjà présent au sein de son cœur, l'essence demeurant déjà en soi comme formes sacrées lumineuses illuminées par la grâce, est ce qui est appelé la *lampe de la graine du cœur*.

La Lampe Cœur du Canal de Lumière

Comme un fin fil de soie creux ou le brin très fin d'un câble de fibre optique, le *canal de lumière* s'élève du cœur, se recourbe vers le haut jusqu'au chakra couronne au sommet de la tête, et redescend aux yeux, où il se divise en deux et se dirige vers l'extérieur à travers chaque œil, s'étalant et se recourbant délicatement. Il ne s'agit pas d'un des canaux d'énergie associés aux chakras, mais d'un canal particulier à travers lequel la radiance se manifeste dans la perception directe sous la forme des quatre visions. La lumière allumée de la graine du cœur s'élève comme l'extrémité arquée de la tige d'une jeune pousse pointant hors du sol pour étaler ses feuilles et donner naissance au canal de lumière et à l'énergie subtile particulière qui se déplace au sein de ce canal, permettant aux visions lumineuses de s'écouler du cœur vers les yeux. Cette énergie de lumière vivante, pure énergie subtile de l'essence, et le canal lui-même forment *la lampe cœur du canal de lumière*.

Joie Primordiale

La Lampe Cœur des Yeux

La nature fluide et réceptive des yeux et leur capacité à percevoir la lumière est appelée la *lampe cœur des yeux*. L'œil a naturellement une capacité naturelle et fluide d'atteindre et de se connecter à tout ce qu'il voit et il a parfois été nommé pour cette raison *lasso d'eau*. L'œil peut rencontrer, saisir, repousser ou attirer selon les besoins. Si ce pouvoir est guidé par l'esprit, ce dernier s'attache à ce qu'il voit et le rapporte à lui-même, avec une interprétation qui renforce la perception d'une identité séparée. Les yeux peuvent également être utilisés d'une manière plus pure afin de connecter et d'entrer en relation, et ce mode de regard plus ouvert permet de se relier et de fusionner avec les visions telles qu'elles apparaissent. Cette qualité de lasso devient alors une union mutuelle, embrassant les visions et étant embrassé par elles.

L'œil physique est un organe miraculeux, un vaste domaine des forces élémentaires de l'eau et de la lumière. La lumière passe au travers de cette mer vivante dans les deux sens, depuis le cœur et depuis l'extérieur. La lumière extérieure et la lumière intérieure se rencontrent dans l'eau de l'œil. Les énergies élémentaires aquatiques, les serpents *naga*, sont traditionnellement associées à ce pouvoir primordial de l'eau et des yeux, supports de l'apparition du processus visionnaire de l'expérience.

Dans cette pratique de la radiance, percevoir les visions implique des interactions entre les trois aspects de la vue : l'œil physique, le processus de perception visuelle du cerveau et le cœur originel. Pendant la pratique, le cœur se connecte directement aux yeux, court-circuitant l'interprétation surajoutée par le mental à l'expérience visuelle et l'on voit directement avec les yeux du cœur.

La science actuelle en est venue à comprendre les dynamiques complexes de la vue d'une manière qui clarifie ce point essentiel de la pratique. La rétine a une intelligence propre qui traite les images visuelles avant de les envoyer au cerveau, percevant couleur, silhouette et mouvement. Dans la vision ordinaire, le cerveau retraite les images selon la distance, la dimension et leurs détails, leur assigne une signification et consolide l'information en les reliant aux perceptions visuelles dont nous avons l'habitude. Le cerveau améliore considérablement les images envoyées par la rétine de telle manière que nous voyons rarement ce que la rétine elle-même voit véritablement. Les cellules nerveuses d'une partie de la glande pinéale contiennent un pigment similaire aux pigments de la rétine. Cet organe associé au chakra couronne est le vestige d'un ancien œil et gouverne toujours de multiples perceptions incluant les rythmes corporels, l'équilibre, ainsi que la perception de la lumière à travers la peau et les yeux. Le trajet du canal de lumière s'incurvant vers le haut à travers le chakra couronne puis vers le bas vers les yeux procure à la rétine un support vital pour voir à sa manière, comme une alternative à la vision usuelle au travers des schémas habituels du mental ; l'énergie subtile aide à libérer les yeux pour aller au-delà des schémas ordinaires de la perception permettant aux visions sans dimension de se développer.

La plupart des gens ont permis à leur mental d'être dominant et utilisent les yeux de manière canalisée, en mode « vision tunnel », se laissant posséder aveuglément par les émotions négatives et par les limitations d'une identité séparée. Si l'on ne rompt pas avec l'habitude de cette saisie étroite, les quatre visions ne se développeront pas de manière authentique. L'expérience des visions sera distordue et perçue en fonction des attentes de l'esprit ; l'on ne verra jamais ce que la rétine voit, l'on ne verra jamais clairement avec les yeux du cœur. L'on percevra ce que l'esprit a envie de voir et l'on sera coupé du plein pouvoir créateur et transformateur des visions elles-mêmes.

Les pratiques de visualisations renforcent encore plus et accentuent la saisie focalisée de l'esprit observateur ; les pratiquants des voies spirituelles qui mettent l'accent sur les visualisations sont confrontés à un défi considérable s'ils sont appelés par la voie de la radiance. Ils vont devoir passer du temps à se réorienter vers le chemin du cœur s'ils veulent dépasser les schémas et voies neuronales de la vision intérieure en mode tunnel développée par leurs pratiques précédentes.

Les yeux, le cœur et leur connexion définissent à ce point la pratique de la radiance que celle-ci est souvent évoquée comme la *pratique du regard*[1] par les pratiquants ; il est absolument crucial de venir à cette voie avec des yeux déjà alignés avec le cœur. La marche avec un bandeau sur les yeux et la vision grand-angle peuvent aider à relâcher la saisie du cerveau ou du mental sur la rétine et permettre au cœur de se développer. L'assise et l'attente silencieuse des animaux en maintenant la vision grand-angle lorsqu'un

---

[1] Ndt : *gazing* en anglais, parfois aussi traduit par *contemplation* dans la présente traduction.

animal s'approche est également un bon entraînement pour reconnaître le pouvoir des yeux et la façon dont on les utilise. Comme nous l'avons expliqué précédemment dans le chapitre sur l'abandon, les animaux sentent la qualité du regard et s'enfuient si les yeux se fixent sur eux ; il en va également de même avec les visions de la radiance. Si l'on s'est déjà entraîné à la marche avec un bandeau sur les yeux et à l'attente des animaux, l'on aura alors de bonnes bases pour contempler avec un regard ouvert, réceptif et respectueux, permettant de fusionner avec les visions jaillissant des tréfonds de notre cœur par le canal de lumière.

Joie Primordiale

La voie des postures

Il y a trois postures spécifiques à la pratique. Chaque posture présente des qualités qui supportent la pratique de manière différente et les postures ont un nom traditionnel qui évoque la manière dont elles alignent le corps à la pratique. Entraînez-vous à ces postures jusqu'à ce que vous puissiez vous installer dans l'une d'elle pendant des heures sans bouger.

Dans la *posture du lion* l'on est assis avec le port royal et alerte d'un lion assis, dressé plantes des pieds rassemblées devant soi et les genoux ouverts sur les côtés. Le dos est droit, l'on regarde avec la tête légèrement inclinée vers le haut regardant juste au-dessus de l'horizon. Les bras sont droits et les mains sont placées devant soi, soit de chaque côté, soit devant les pieds, soit encore en arrière des pieds, en fonction de la proximité avec laquelle on peut placer les pieds par rapport au corps. Les doigts sont enroulés autour des pouces faisant des poings des pattes de lion. La posture du lion dresse l'énergie vers le haut à travers le corps et lui donne une qualité transcendante.

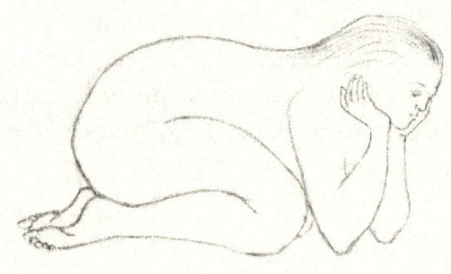

Dans la posture de *l'éléphant endormi*, l'on s'agenouille avec le corps recourbé comme l'énorme masse d'un éléphant se reposant, complètement détendu sur la vaste plage d'une mer intérieure. L'on s'accroupit sur les genoux, les coudes reposant sur le sol, les mains supportant le menton, les pieds joints, les orteils pointés vers l'arrière. L'abdomen presse sur le haut des cuisses. L'on regarde légèrement sur le côté, soit à droite soit à gauche, comme le regard d'un archer pointant une flèche vers le bas. La posture de l'éléphant amène une qualité de chaleur intérieure et de félicité, adoucissant et apaisant l'énergie.

Dans la posture du *yogi des montagnes*, l'on est assis sur la Terre avec ouverture, disponibilité, stabilité et équilibre, les pieds à plat sur le sol, le dos droit, les genoux rassemblés vers le haut contre la poitrine. L'abdomen est maintenu légèrement en arrière vers la colonne vertébrale et l'on tire un peu vers le haut le périnée, la porte inférieure. Les avant-bras sont repliés avec le coude gauche sur le genou gauche et la main gauche sur le genou droit ; le bras droit est au-dessus du gauche avec le coude droit sur la main gauche et la main droite sur le sommet du coude gauche. Ceci rafraîchit la chaleur du corps.

Il y a quelques alternatives aux positions des bras et des mains. Reposer les coudes sur les genoux avec les mains soutenant le menton équilibre chaleur et fraîcheur ; croiser les bras avec les mains sous l'aisselle opposée fait s'accroître la chaleur si l'on a froid. Le regard est dirigé vers le bas avec une sensation d'équilibre et de stabilité qui soutient l'ouverture. Pour chacune des postures du yogi des montagnes, il est nécessaire de soutenir le dos avec une ceinture de méditation, une grande bande de 12 à 24 cm de large entoure le corps juste sous les genoux. Ceci maintiendra les genoux proches de la poitrine de façon confortable ; l'on pourra également trouver utile de s'asseoir sur un coussin ferme et épais avec les pieds légèrement plus bas à plat sur le sol. La posture du yogi des montagnes équilibre l'énergie et aide à demeurer dans le cœur originel.

Les postures permettent de demeurer immobile pendant des heures et alignent le corps et les énergies subtiles de manière à aider le déploiement des visions. Elles sont cruciales à la pratique. Le lion, l'éléphant et le yogi des montagnes sont les trois principales postures et celle que vous utiliserez à tel ou tel moment de la journée dépend de votre énergie subtile, de la manière dont les visions apparaissent, de la météo, du moment du jour et de la nuit, etc.

Pratiquez dans toutes ces postures afin de devenir confortable dans chacune d'elle et de pouvoir demeurer dans l'une d'elle pendant un temps très long sans bouger. Les qualités de transcendance, de félicité et de stabilité attribuées aux différentes postures ne sont, dans la pratique, pas catégorisées. Il est possible d'accéder à toutes ces qualités à partir de n'importe quelle posture, mais chacune a effectivement des effets particuliers sur les énergies personnelles, stimulant, apaisant ou équilibrant ; il est possible de découvrir une affinité avec l'une d'entre elle en particulier et vouloir y consacrer la plupart du temps de la pratique.

La voie de la respiration

Entrez dans le silence et contrôlez l'énergie du souffle en respirant doucement à travers la bouche, les lèvres légèrement entrouvertes, faisant une pause à la fin de l'expiration, puis inspirez à nouveau doucement par la bouche ; allongez le temps d'expiration à chaque cycle. Accentuer l'expiration soutient l'énergie réceptive et aide à entrer dans les qualités de mélange et de fusion de la pratique du regard.

Entraînez-vous à cette respiration douce par la bouche et à la pause après l'expiration jusqu'à ce que cela devienne naturel, fluide, facile et doux. Par cette respiration l'on est amené au plus près de la résonance subtile de la Terre, et, au fur et à mesure que la respiration ralentit, elle peut même s'arrêter spontanément lorsque la résonance s'approfondit. Plus l'on respire de cette façon plus l'énergie subtile se calmera et plus la manifestation des visions ralentira et se stabilisera. Abandonnez toute parole ; cela inclut les chants et les prières, même silencieusement, comme dans une quête de vision. La pratique du regard est une forme primordiale de communication et de prière en elle-même, permettez ainsi à l'offrande de se déployer. Abandonnez également tout exercice qui active ou excite l'énergie subtile. La respiration et le silence ensemble aident les souffles les plus subtils à se stabiliser et il est important de ne pas les agiter avec d'autres formes de pratique.

La voie du cœur

Contemplez sans ciller. Laissez votre cœur, votre attention et votre respiration s'écouler en l'espace englobant des visions. Ne vous laissez pas aller à des concepts ou à des spéculations à propos de ces visions. Reposez simplement votre regard de manière ouverte et accueillante, vous fondant et fusionnant avec les visions, avec la luminosité naturelle de l'essence.

Dans la voie complète de la grâce primordiale vous devez d'abord reconnaître, puis revenir et enfin demeurer dans le cœur originel à volonté, puis vous entrez dans la voie de la radiance. Si vous avez un cœur ouvert et un esprit qui permet, alors même si votre pratique du cœur originel n'est pas encore stable, vous expérimenterez des qualités plus profondes du cœur originel directement à travers les visions ; ceci vous mènera à des expériences de plus en plus stables. Au début il peut sembler difficile de s'installer et de demeurer dans la qualité dynamique de la radiance s'exprimant comme vision. La pratique amplifiera chaque aspect de votre esprit. Vous sentirez ses qualités naturellement fusionnantes et rayonnantes bien plus que dans toute autre forme de pratique spirituelle. Si vous êtes encore dans la saisie et dans l'attachement à un soi et un autre, aux émotions et schémas habituels, alors toutes ces choses inonderont votre esprit, apparaissant avec vivacité, vous fascinant et rendant impossible à ce qui demeure naturellement dans votre cœur d'apparaître de manière authentique. Tout est radiance de l'essence. Vos tendances habituelles et vos émotions peuvent obscurcir cette réalité, mais avec persévérance dans la pratique ces obstacles disparaîtront. Il est nécessaire être posé dans le cœur originel pendant la pratique du regard pour que la vision évolue de manière authentique. La stabilité s'installera naturellement comme faisant partie de ces visions, mais ne vous focalisez pas sur le fait de rester stable ou de revenir pendant que vous contemplez. Concentrez-vous sur la fusion avec les visions. Au début des visions, la reconnaissance du cœur originel ne se sera peut-être pas continuelle, mais les visions sont une avec le cœur originel. Aussi laissez fusionner votre cœur ouvert avec la vision, vous dissolvant et vous abandonnant en l'espace de cette vision. Ainsi tous les obscurcissements se résoudront. L'expérience authentique de ces visions de la radiance est une relation, l'on s'ouvre à la grâce.

Malheureusement des obstacles et des entraves sont susceptibles d'apparaître, pouvant rendre la pratique du regard impossible pour vous. Bien que la reconnaissance du cœur originel ne soit pas destinée à être une voie à part en elle-même, il est possible de continuer uniquement avec cette pratique. Continuez-la comme une protection dans l'union avec la Terre, dimension sacrée de la vision qu'est cette vie, en pratiquant l'assise de la terre, la marche de la terre et les autres suggestions et lignes directrices présentées dans la première partie de ce livre : *Terre et Cœur Originel*. C'est une grande erreur de faire du cœur originel une voie de l'esprit et une pratique séparée en elle-même. Sans votre cœur engagé directement avec les forces équilibrantes des visions ou de la Terre vous pouvez-vous perdre dans le mental. Si vous voulez continuer avec la pratique du cœur originel sans la pratique de la radiance, faites-le en lien avec la Terre, et avec l'intention de réaliser les quatre visions dans une autre vie. La reconnaissance du cœur originel sans les visions de la radiance ne conduit pas à la pleine résolution de la graine du cœur et de tous les phénomènes.

Joie Primordiale

La voie des champs extérieurs

Les champs intérieurs sont les champs lumineux de lumière vivante dans les visions elles-mêmes. Les champs extérieurs sont le support de cette apparition : un ciel clair, le soleil, la flamme d'une bougie ou toute autre source lumineuse. Il est possible de contempler un ciel bleu limpide, à distance du soleil, par temps calme sans aucun vent. Un temps calme est important, le vent extérieur peut agiter les énergies subtiles alors qu'elles doivent être très calmes et stables. Les visions dans le ciel sont subtiles, mais elles permettent de s'ouvrir aux champs intérieurs sans plisser les yeux, et il y a avec l'ouverture du ciel bleu une sorte de soutien énergétique, de résonance intérieure. Si vous avez accès à un endroit privatif pour contempler le ciel, il est vraiment bien d'essayer, mais vous aurez aussi besoin de pratiquer le regard avec une bougie ou une autre source lumineuse à l'intérieur d'une maison à cause du vent, des nuages, des problèmes d'intimité, des heures de la journée, etc.

Si les visions n'apparaissent pas en regardant du côté opposé au soleil, vous pouvez essayer de contempler dans la direction du soleil non voilé par des nuages, à une distance du soleil allant d'une largeur de main à une longueur de bras. Soyez extrêmement prudent avec vos yeux. Il est plus sûr pour vos yeux de contempler un éclat de lumière du soleil lorsqu'il se lève ou se couche à l'horizon ou sur la crête d'une montagne ou d'une colline. Le soleil du matin a une qualité spéciale. Non seulement les couleurs sont alors particulièrement belles, mais la clarté et la fraîcheur du lever de soleil facilitent la qualité des visions. En début de matinée et en fin d'après-midi vous pouvez contempler le soleil au travers d'un écran d'arbres, à midi vous pouvez utiliser pour filtrer la lumière un tissu aux mailles lâches ou encore un bonnet en laine sur vos yeux.

Il est également possible de contempler le reflet du soleil sur une tranche d'agate polie, sur un cristal ou encore sur la surface d'un plan d'eau. Toutes ces méthodes peuvent vous amener des couleurs claires, belles et intenses dans les visions. Lorsque vous utilisez une agate ou un cristal, installez-vous dos au soleil et positionnez la pierre jusqu'à ce que vous obteniez une réflexion du soleil. Avec l'eau, asseyez-vous face à l'eau et protégez vos yeux de la lumière directe du soleil venant d'au-dessus. Parfois les réflexions du soleil sur l'eau peuvent être plus chaudes et intenses que les autres. SOYEZ EXTREMEMENT PRUDENT LORS DE LA PRATIQUE DU REGARD AVEC LES REFLETS ET AVEC TOUTE FORME DE RAYONNEMENT SOLAIRE. DES PRATIQUANTS ONT FINI AVEUGLES PAR LE PASSÉ. Portez des lunettes de soleil de très haute qualité qui vous protège à 100 % des UV. Ceci est spécialement important de nos jours avec l'endommagement de la haute atmosphère. Vos yeux sont cruciaux pour cette pratique et vous ne voudriez pas les abîmer. La nuit vous pouvez-vous contempler directement la lune. La lumière lunaire calme et rafraîchit les yeux, notamment après une longue pratique du regard avec le soleil. Laissez simplement la douce lumière de la lune s'écouler dans vos yeux sans vraiment essayer de pratiquer le regard.

Une vive flamme de bougie non vacillante est une source lumineuse plus sûre, plus fiable et plus stable. Au début, les couleurs de la lumière de bougie ne seront peut-être pas aussi vibrantes que lors de la pratique avec les rayons du soleil, mais avec le temps les couleurs deviendront plus riches et la bougie, elle, ne dépend pas des conditions climatiques. La douceur de la lumière de la bougie vous amène en retour une douceur dans votre pratique du regard à de nombreux niveaux. La respiration doit être très douce pour ne pas perturber la flamme. Cette douceur se reflète dans votre énergie subtile et vous permet une plus grande tendresse et ouverture à votre cœur. C'est un excellent entraînement, car même si vous pouvez voir les visions plus facilement avec une source lumineuse plus intense, il est néanmoins toujours nécessaire de nourrir cette qualité d'ouverture douce pour que les visions puissent arriver à complète maturité. Les bougies peuvent varier en qualité, en intensité de flamme et en fumée émise. Il vous faudra expérimenter pour trouver la bougie que vous préférez. Les bougies en cire d'abeille sont très bonnes, les bougies en stéarine ou en huile de palme également. Certains pratiquants préfèrent une flamme plus grande, d'autres une flamme plus petite. Il est aussi possible d'essayer avec une mini lampe de poche ayant une ampoule LED unique, on met par-dessus quelque chose qui la recouvre laissant un trou d'épingle qui devient la source lumineuse. N'UTILISEZ PAS DE POINTEURS LASER QUI PEUVENT PROVOQUER UNE CECITE.

Durant notre retraite nous avons tous les deux commencé en utilisant les rayons du soleil avec des lunettes de soleil pendant les mois d'été. Une fois pleinement engagés dans le processus visionnaire et que les visions évoluaient nous avons arrêté d'utiliser le soleil. En dehors des fois où les visions ont émergé spontanément sans champ extérieur, l'un de nous a principalement utilisé pour le reste de sa retraite des bougies alors que l'autre a utilisé à la fois des bougies et une lampe torche LED. Nous avons tous deux eu la même progression et le même mûrissement des visions.

La lampe LED est une source lumineuse très stable, ne vacille pas ni ne produit de fumée. Les couleurs des visions obtenues par les LED sont proches de celles de la lumière du soleil, proches de la pratique obtenue par le reflet de rayons lumineux sur une agate. Il y a une qualité vive et électrique à l'énergie d'une ampoule LED, mais qui n'est ni aussi intense ni aussi chaude que le soleil. Vous pourriez avoir envie d'alterner avec la douceur de la flamme de bougie. L'intensité lumineuse du soleil et des LED peut éventuellement être un peu dur pour certains yeux.

Vous pouvez également pratiquer le regard dans une chambre sombre avec une légère ouverture pour laisser entrer la lumière. La différence entre la pénombre intérieure et la luminosité ambiante extérieure est souvent suffisante pour permettre l'apparition des visions. Ceci n'a rien à voir avec une retraite dans le noir qui est une pratique complètement différente. La voie de la radiance est une voie de relation engagée avec la lumière vivante. La lumière est votre partenaire et votre guide.

Joie Primordiale

Il est important de s'appuyer sur un champ extérieur et de pratiquer diligemment jusqu'à ce que les visions apparaissent pour vous, que vous pratiquiez avec le ciel, le soleil, une bougie ou toute autre source lumineuse. Parmi tous ces champs, utilisez principalement celui qui vous convient le mieux, qui permet à votre expérience du cœur originel de s'approfondir, aux couleurs de la lumière d'apparaître facilement, et qui vous amène le développement et la stabilité dans les visions.

La voie des champs intérieurs

Pour faire apparaitre les champs intérieurs, il y a trois regards, trois manières d'utiliser vos yeux. Le premier est le regard associé à la posture du lion, dirigé légèrement vers le haut. Le deuxième est le regard associé à la posture de l'éléphant, gardant les deux yeux légèrement dirigés sur le côté. Le troisième est le regard associé à la posture du yogi des montagnes, gardant les yeux légèrement baissés. Avec chacun de ces trois regards, pratiquez de la manière la plus relaxée possible, sans bouger vos yeux et en essayant de cligner le moins possible. Vous pouvez augmenter l'humidification de vos yeux en massant les lobes des oreilles de temps en temps, il y a à cet endroit un point énergétique pour les yeux. Il est important pour la pratique de ne pas laisser vos yeux sécher. Pratiquez autant que possible le regard de manière équilibrée entre les deux yeux.

Avec chacun des champs extérieurs vous aurez besoin de plisser légèrement vos yeux vers la source lumineuse de manière à mettre en évidence le champ visionnaire, mais il ne doit pas y avoir de tension excessive dans les muscles autour des yeux. Fermez vos yeux avec douceur, juste assez pour laisser apparaître le champ visionnaire, ou fermez vos yeux entièrement puis ouvrez-les légèrement jusqu'à ce que le champ de vision apparaisse. Ce plissement des yeux peut paraître étrange et difficile à maintenir au début, mais il est important pour la pratique. Graduellement le champ apparaîtra avec de moins en moins de tension.

Joie Primordiale

Plisser les yeux fait se joindre les luminosités intérieures et extérieures au niveau de l'ouverture du canal de lumière de chaque œil et permet au champ de vision de s'épanouir. Ceci ne demande pas une concentration en mode tunnel, mais est comme une vision grand-angle tout en plissant les paupières, comme on peut pratiquer la vision grand-angle avec un bandeau sur les yeux, ce qui permet d'accéder à la qualité réceptive de l'œil d'une façon plus profonde.

Lorsque l'on plisse les yeux vers une source lumineuse, l'on peut au début voir des rayons de lumière irradiant de la source lumineuse. Laissez le rayon lumineux venir vers votre œil. Ne projetez pas vos yeux vers lui, mais laissez le plissement des yeux apporter la lumière vers vous, laissez-la toucher vos yeux et laissez le rayon se déployer en un petit champ. Demeurez en le cœur originel et laissez-vous fusionner avec la vision.

Au début de la pratique lorsque l'on contemple une flamme de bougie, une lampe LED ou une autre source lumineuse similaire, il est possible de voir un petit champ d'anneaux concentriques et de minuscules cercles centrés sur la lumière, cela arrivera si vous ne plissez pas suffisamment les yeux. Ce n'est pas le champ visionnaire. Ce petit champ d'anneaux lumineux restera connecté avec la lumière physique et demeurera centré à cet endroit. Il ne bougera pas et n'évoluera pas.

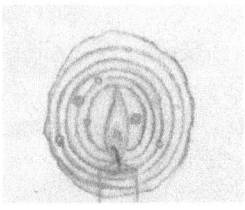

Petits voiles d'anneaux qui ne sont pas le champ

Grâce Primordiale

Fermez vos yeux complètement puis ouvrez un œil très légèrement jusqu'à ce que les rayons de lumière irradient de la source lumineuse vers votre œil. Continuez à chercher le champ qui doit apparaître là où les lumières intérieures et extérieures se rencontrent. C'est là que vous rencontrerez et que vous vous engagerez directement avec la radiance qui initie les visions.

Dans cette pratique, vous pourriez vous retrouver confrontés avec vos propres notions de méditation en lien avec vos antécédents de pratique spirituelle. Laissez tomber toute idée ou technique avec laquelle vous pourriez avoir travaillé dans le passé. Ceci inclut le travail énergétique. Vous ne devez rien faire d'autre lorsque vous contemplez que de permettre aux visions d'apparaître. Ceci n'est pas une méditation. Ne méditez pas lorsque que vous contemplez. Contemplez lorsque vous contemplez. Demeurez dans le cœur originel et laissez-vous immerger, dissoudre et fusionner avec les visions. Laissez la lumière emplir vos yeux, laissez votre cœur s'écouler dans vos yeux, laissez-les se rencontrer et abandonnez-vous à la grâce ineffable de leur union.

Le champ de vision débute comme un film ou un voile vaguement rond ou ovale, plus ou moins transparent, blanchâtre très fin, qui peut être plat ou ondulé comme une pièce de tissu, ou enroulé comme un tube de papier. Le champ initial, une fois déroulé peut-être très petit au début, et, selon votre énergie subtile, il continuera de s'enrouler puis de se dérouler jusqu'à ce que vos énergies se calment.

Joie Primordiale

Champ visionnaire authentique se déroulant

Lorsqu'il se déroule, laissez votre regard se poser sur n'importe quel cercle ou sphère dans le champ et laissez faire le processus, en maintenant la douce respiration spécifique de cette pratique, tout en vous immergeant et en fusionnant avec douceur avec les visions. Le champ s'enroulera de nouveau. Vous devez persévérer. Gardez le regard doux avec le sentiment d'ouverture de la vision grand angle. Vous devrez peut-être regarder avec un œil à la fois au début pour stabiliser la pratique. Tout comme lorsque l'on attend des animaux, la vision réagira à toute tension de l'énergie subtile et à toute saisie du mental et le champ s'enroulera de nouveau. Si vous vous calmez et que vous faites confiance au processus se déployant à partir de votre cœur, la vision se calmera et contempler vous calmera d'autant plus.

La taille du champ peut varier depuis quelques centimètres de largeur à la taille d'une grande assiette à dîner. Le champ intérieur ou voile de lumière et tout ce qui apparaît dans les visions sont une forme liquide et vivante de la radiance, une union d'intention à de nombreux niveaux.

Vous aurez besoin d'avoir des yeux en bonne santé ou au moins d'une vision adéquate avec les deux yeux. Il n'est d'aucune importance que vous soyez myope ou presbyte ou que vous ayez une vision parfaite. La pratique du regard n'est pas juste la vision physique. Elle est l'union des yeux physiques et des visions primordiales qui sont perçues à travers les yeux du cœur. Le point de rencontre entre la lumière intérieure et extérieure n'est ni en dedans ni au-dehors, mais, au début, vous pouvez avoir l'impression que les visions sont très proches ou à l'intérieur ou à la surface de l'œil. Vous pourriez vous retrouver à loucher quelque peu lors ce que vous sortez d'une longue session de contemplation.

L'œil droit et le gauche ont des qualités différentes, indépendamment de l'œil que vous favorisez normalement et d'autres tendances en lien avec la façon dont vous utilisez habituellement vos yeux. Si vous ne pouvez pas pratiquer avec vos deux yeux à la fois, utilisez l'œil qui est le plus stable, mais continuez à pratiquer avec l'autre œil à chaque fois que vous contemplez. En général l'œil droit et l'œil gauche ont chacun une affinité avec différents aspects de la vision. Pour de nombreux pratiquants, le champ visionnaire est plus stable au début à partir de l'œil droit, mais continuez à vérifier l'œil gauche, car il prend plus d'importance ultérieurement.

Si vous contemplez directement à partir des rayons du soleil dans le ciel ou réfléchis sur une agate polie, ou bien encore depuis une lampe LED, vous devez doucement amener la vision sur un côté ou l'autre avec vos yeux. L'éclat sera moins intense sur vos yeux et les visions deviendront plus stables ce qui peut les aider à évoluer. Même avec la flamme d'une bougie, mieux vaut regarder le plus loin possible de la source lumineuse tout en maintenant la vision, car poser son regard directement sur n'importe quelle source lumineuse produit plus de tensions dans les muscles autour de l'œil et les visions seront plus nerveuses et agitées. Amenez les visions sur le côté est particulièrement important pour toute forme de pratique avec le soleil, réflexion incluse. Certaines traditions recommandent que les hommes amènent la vision vers la droite et les femmes vers la gauche. Les énergies subtiles des hommes et des femmes sont différentes et il y a aussi de nombreux autres facteurs, utilisez donc la direction qui permet aux visions d'être le plus stables pour vous.

Durant toutes les sessions de contemplation, asseyez-vous dans l'une des postures sans bouger. Entre les sessions, gardez vos gestes calmes et lents afin de maintenir vos énergies subtiles les plus tranquilles possibles. Essayez de ne pas trop bouger ni de trop vous déplacer et limitez voire arrêtez complètement tout exercice yogique. Se mouvoir doucement et lentement entre les sessions aide à ne pas agiter l'énergie subtile lorsque vous ne contemplez pas.

Le meilleur site pour la pratique du regard avec le soleil ou avec le ciel est une colline ou le sommet d'une montagne avec une vue dégagée sur le ciel et ouverte vers l'est et l'ouest. Cela permet de pratiquer directement avec les rayons du soleil au petit matin et en fin d'après-midi. Néanmoins il est très important que personne ne vous voit pratiquer la contemplation. La pratique du regard ouvre littéralement votre cœur et, lorsque votre pratique s'approfondit, cette ouverture devient extrême. Il ne faut pas que quelque personne prisonnière de son mental et de ses émotions entre dans votre champ visuel et donc dans votre cœur à ce moment. Vous pourriez absorber leurs négativités. Ceci pourrait nuire à votre pratique et vous pourriez même développer de sérieux obstacles. Quand des hélicoptères ou des avions volaient au-dessus de notre site de pratique de contemplation du soleil, nous arrêtions la pratique et méditions dans la posture classique jambes croisées jusqu'à ce qu'ils s'éloignent. Lorsque vous choisissez un site pour la contemplation du soleil lors d'une retraite, vous devez trouver un équilibre entre la nécessité de l'isolement et les conditions optimales pour la pratique du regard.

Tout le processus de la première vision consiste à amener tous ces aspects ensemble avec le cœur original. Pour permettre à votre cœur de s'ouvrir aux visions de radiance, votre énergie subtile a besoin de s'apaiser,

Joie Primordiale

vous devez être dans le cœur originel, votre respiration doit être douce avec une pause à la fin de l'expiration, vous devez être relaxé sans bouger dans l'une des postures, garder votre regard selon un certain angle tout en plissant les yeux, tout cela en même temps. Alors les visions lumineuses s'écouleront à travers le canal de lumière depuis votre cœur jusqu'à vos yeux, puis les champs intérieurs s'épanouiront de vos yeux et vous pourrez commencer à entrer en lien directe avec l'intention au sein de la radiance et commencer l'ultime chemin vous menant à la pleine union de l'essence. Pratiquez jour et nuit et les visions finiront par apparaître même sans utiliser une technique de contemplation.

La pratique du regard après l'effondrement

De nos jours il existe de nombreuses possibilités pour le champ extérieur qui n'étaient pas disponibles dans les temps anciens : de nombreux types de bougies, des ampoules LED blanches, des agates polies à la machine, ainsi que des lunettes de soleil de très haute qualité. Mais après l'effondrement, quand notre monde familier ne sera plus ou sera en train de s'écrouler, ces supports tout prêts pour la pratique du regard ne seront peut-être pas disponibles pour vous. Dans ce cas il vous faudra procéder comme les peuples de la Terre le faisaient, utilisant le soleil pendant la journée, et le soir n'importe quelle forme de flamme que vous pourrez produire avec les ressources disponibles.

Dans le passé des pratiquants ont construit pour leur pratique de petits abris de pierre et d'argile ou bien de branches entrelacées recouvertes d'argile. Une *hutte de contemplation* est un petit abri juste assez grand pour qu'une personne s'asseye avec un espace d'une longueur de bras de tous les côtés, et de tout petits trous faits dans les murs pouvant être ouverts, un à la fois, afin de laisser la lumière passer aux différentes heures du jour et de l'année. Nous n'avons pas nous-mêmes utilisé cette hutte de pratique pendant notre retraite, mais nous avons effectivement contemplé au travers de petites fissures et nous avons construit un certain nombre de refuges de Terre de différents types qui sont relativement faciles à construire avec des

Joie Primordiale

Structure d'une hutte de contemplation

matériaux naturels en fonction de l'endroit où vous vivez sur notre Terre mère.

Avec une hutte de pratique du regard, il n'y a pas besoin en journée d'autres sources de lumière que la clarté ambiante du ciel qui permet de pratiquer le regard même en cas de couverture nuageuse. Doux pour les yeux, la hutte procure l'intimité pour la pratique et un abri contre le vent. L'emplacement idéal de la hutte donne accès à une large vue dégagée du ciel. Même une clairière dans une forêt avec une ouverture vers le soleil peut faire l'affaire, ou bien sur la pente d'une colline avec une ouverture au-dessus de la cime des arbres. Une simple hutte circulaire peut être construite sur le modèle d'une tente de sudation.

Rassemblez un nombre égal de jeunes arbres, huit à douze, suffisamment longs pour que lorsque vous les plantiez fermement dans le sol sur le périmètre de votre

Grâce Primordiale

cercle ils puissent être courbés par-dessus le centre et s'imbriquer par paires créant des arches permettant d'obtenir un peu d'espace supplémentaire au-dessus de votre tête lorsque vous êtes assis. Mieux vaut garder la hutte plutôt petite, avec un diamètre juste assez large pour pouvoir s'allonger.

Disposez les jeunes troncs de manière régulière autour du cercle en étant sûr de pouvoir ramper entre les deux qui constitueront la porte d'entrée. Puis pliez les arbres chacun en opposition, chacun avec celui d'en face et liez les ensembles en arche, amenant de la hauteur pour l'intérieur. Il vous sera également utile d'apprendre comment fabriquer du cordage ou de trouver des lianes ou des racines de surface d'arbres de manière à lier les troncs ensemble.

Attachez des branches plus petites horizontalement autour de la structure en laissant une ouverture basse pour pouvoir ramper à travers, ajoutant de plus en plus de branches jusqu'à ce que vous obteniez quelque chose qui ressemble à un panier retourné. Idéalement vous enduirez ensuite la surface extérieure avec un mélange de boue argileuse et d'herbe sèche ou de tout autre espèce de fibre ou bien vous pourrez le chaumer ce qui nécessitera de rassembler beaucoup plus d'herbes. Disposez ensuite de petits bâtons de la taille d'un crayon ou plus petits à travers la couverture de la hutte en suivant le trajet du soleil, les espaçant d'environ une largeur de main. Disposez les bâtons de façon à ce qu'ils puissent être retirés afin de laisser un fin rayon de lumière pénétrer dans la lutte en guise de champ extérieur. Pour la porte vous pouvez accrocher un tissu opaque ou faire un tissage de branches légères

Joie Primordiale

et l'enduire avec une certaine épaisseur de telle sorte lorsque la porte est en place, l'intérieur de la lutte reste suffisamment sombre pour pouvoir pratiquer le regard avec ce fin rayon de lumière passant à travers l'un des trous de la taille d'un crayon. Il vous faudra expérimenter par vous-mêmes l'emplacement des différents trous selon les postures que vous utilisez et la course du soleil dans le ciel en fonction du jour et des saisons. Il n'est pas nécessaire que le soleil brille directement à travers les trous. La différence de luminosité avec l'éclat du jour extérieur, même pendant les jours les plus nuageux, devrait être suffisante pour pouvoir contempler à l'intérieur obscur de la hutte. Il est toujours bien de camoufler cette hutte afin qu'elle se fonde dans l'environnement.

Après l'effondrement il vous faudra être créatif et plein de ressources, avoir une grande persévérance, de l'adaptabilité et de la patience. Nous ne pourrons jamais assez insister sur le fait que chacun devrait apprendre dès maintenant, avant l'effondrement, les compétences pour vivre avec la Terre.

Particulièrement au début de la pratique vous pourrez avoir besoin de travailler plus directement avec le soleil pour vous engager dans le processus visionnaire. En plus de la réflexion du soleil sur l'eau, les pratiquants originels de la radiance ont probablement utilisé ce qui est de nos jours connu comme les pétroglyphes cupules et anneaux sculptés sur de larges rochers, dans des endroits ayant une vue dégagée sur le soleil, et en sécurité pour contempler. Ces sculptures circulaires sur la pierre se retrouvent partout dans le monde. Bien avant que l'humanité ne chute dans les ténèbres du mental, les pratiquants du regard n'avaient pas besoin de s'occuper à ce point d'être vu de leur propre peuple. De nos jours il est par contre vital de n'être vu de personnes en dehors de vos partenaires de pratique. Il vous faudra donc choisir votre site avec les cupules et anneaux très précautionneusement.

La cupule est un creux peu profond en forme de bol pouvant retenir l'eau d'au moins une phalange de profondeur, afin qu'elle ne s'évapore pas trop rapidement, et large comme à peu près deux mains formant une coupe. Cela donne assez de temps pour contempler la réflexion du soleil au fur-et-à-mesure de son déplacement sur la surface avant d'avoir besoin de changer de position.

Sculptez la cupule en utilisant un marteau à pierre, ou une pierre plus dure que celle que vous sculptez, en enlevant progressivement de petits éclats de pierres.

Contempler ces cupules et anneaux est similaire à la contemplation avec une agate polie, mais comme la réflexion du soleil sur l'eau est beaucoup plus intense, prenez bien soin d'amener les visions sur le côté et sélectionnez bien les reflets que vous utilisez. Ceci est particulièrement important si vous n'avez pas de lunettes de soleil. Il faudra expérimenter et être créatif avec les situations et les matériaux qui vous seront disponibles. S'il n'y a pas de pierres ou de site convenable à votre disposition autour de vous, vous pourrez utiliser des coquillages ou un simple bol en bois fabriqué en utilisant des charbons ardents pour brûler et creuser progressivement en coupe un morceau de bois. Grattez la partie carbonisée de votre récipient lorsque la braise s'est refroidie, puis ajoutez plus de braises si nécessaire. Polissez ensuite le bois avec une pierre lisse et huilez-le.

Joie Primordiale

Le champ extérieur le plus fiable et sûr pendant la journée est de loin la *hutte de contemplation*.

La nuit il y a quelques options à essayer lorsque les bougies ne seront plus disponibles. L'une est une simple lampe à huile même si se procurer une huile végétale ou de la graisse animale dans une région sauvage nécessite du temps et un certain art, et vous pourriez avoir besoin de manger la graisse à la place. Toutefois des petites quantités ne sont pas impossibles à rassembler. Pour une lampe simple, vous avez besoin d'un petit bol peu profond, en bois, en argile ou en pierre avec un rebord à l'une des extrémités pour permettre à la mèche de sortir de l'huile. La mèche devra être fabriquée par tressage inverse de n'importe quelle plante fibreuse non toxique à la combustion telle que le yucca ou l'ortie. La flamme peut vaciller légèrement et il vous faudra expérimenter avec plusieurs types de mèches et de formes de bol. Vous pouvez aussi essayer d'utiliser une couverture tressée ou un panier plat afin de diffuser la lumière à partir d'un petit feu de camp intérieur. Les possibilités nocturnes seront beaucoup moins nombreuses et il vous faudra passer le plus de temps possible à la pratique du regard pendant la journée.

Contemplez particulièrement au lever et au coucher du soleil au travers des branchages ou juste à la limite de l'horizon. La qualité de la lumière à ce moment est excellente pour la pratique, même si le laps de temps disponible est très court, et il y a une résonance particulière entre la lumière du matin et les visions. Soyez sûr de bien protéger vos yeux d'une manière ou d'une autre lorsque vous contemplez avec le plein soleil durant le reste du jour.

Grâce Primordiale

Les peuples originels de la Terre vivaient naturellement en tant que partie de la trame du vivant. Ils suivaient leur cœur et savaient quand et comment rechercher l'aide du soleil, et également lorsqu'il ne le fallait pas. Ils agissaient avec patience et persévérance sur ce chemin du retour, suivant un appel primordial à l'unité. Une fois que les visions commenceront à mûrir en vous, comme d'autres avant vous, vous deviendrez capable de contempler directement avec la lumière du cœur.

Joie Primordiale

Guide pour la radiance

Vous expérimentez le cœur originel s'épanouissant à travers votre cœur de plus en plus souvent et vous savez que la Terre est votre maison ; il est maintenant temps de vous embarquer sur la voie de la radiance.

Le monde sombre dans le chaos ; le monde dans lequel nous avons grandi n'est plus. Maintenant comme après l'effondrement, il ne vous sera peut-être pas possible de trouver de vrais guides humains, mais la terre reste patiemment à votre disposition pour vous offrir le chemin. La Terre et la voie de la radiance sont des expressions de la même intention primordiale. Vous faites déjà partie de la trame de la vie, vous êtes déjà un membre de la Terre, et de ce fait la voie d'accès, l'entrée, le point de départ est déjà présent tout autour de vous dans le monde naturel et dans votre cœur.

Tôt le matin, avant le lever du soleil, dans une zone arborée bienveillante où vous vous sentez en toute sécurité, asseyez-vous à un endroit qui vous semble particulièrement accueillant ce matin. Asseyez-vous et restez dans le cœur originel un moment, puis priez les êtres saints qui évoluent dans la radiance de vous guider et envoyez-leur de la lumière depuis votre cœur à travers l'espace. Les êtres saints vous renvoient alors des lumières arc-en-ciel entrant par votre chakra couronne et vous emplissant de la brillance de la lumière primordiale. Adressez vos prières à tous les êtres de la zone autour de vous, leur demandant assistance et protection, les plantes, les animaux, les insectes, les élémentaux et les esprits, leur demandant leur soutien pour entrer dans cette voie et parachever les quatre visions de radiance. Posez-vous, restez dans le cœur originel jusqu'à ce que le soleil brille à travers les arbres. Puis asseyez-vous dans l'une des trois postures de la pratique du regard et contemplez les rayons du soleil entre les arbres ; fermez vos yeux brièvement puis réouvrez les doucement, juste assez pour laisser les rayons du soleil venir se mélanger avec vos yeux, voyant des couleurs arc-en-ciel des cercles, sentant le champ, ressentant la connexion primordiale. Demeurez dans la posture et contemplez avec la lumière du petit matin.

Une fois que le soleil est monté trop haut pour pouvoir pratiquer le regard de façon confortable, asseyez-vous de nouveau en demeurant dans le cœur originel, dans l'éclat de cette lumière primordiale, et ressentez les différentes tonalités de votre expérience du cœur originel. Priez depuis votre cœur, vous joignant au cœur des êtres saints et au cœur de tout, oubliant les mots et expérimentant la profonde gratitude directement à travers la joie et la beauté de la lumière.

Ceci est la manière naturelle et directe de vous connecter à la voie visionnaire de la radiance.

Si vous avez des difficultés à voir les couleurs d'arc-en-ciel et les cercles, alors essayez à nouveau à chaque lever du soleil, vous reconnectant avec cette prière de lumière. Rappelez-vous que vous êtes déjà au sein du cercle, où la perfection est déjà présente dès le commencement ; persévérez et fusionnez avec la bénédiction des êtres saints.

Joie Primordiale

La Lampe Cœur de l'espace pur

Alors que la pratique du regard devient de plus en plus naturelle pour vous, l'essence se manifeste dans votre perception directe comme lumières colorées et formes lumineuses. De très petits cercles ou sphères vont et viennent ou bien des rayons verticaux ou horizontaux apparaissent au sein d'un champ de pure lumière bleue comme le ciel. Si vous contemplez le ciel, le champ peut apparaître comme un bleu rayonnant en surimposition presque, mais pas complètement indistingable du bleu naturel du ciel. Ce champ bleu et les petites formes bougeant en son sein sont *la lampe cœur de l'espace pur.*

La manière dont les visions vont apparaître pour vous à ce point dépend de votre énergie subtile, des canaux, de vos préconceptions, et de la manière dont vous utilisez habituellement vos yeux, de l'ouverture de votre cœur, etc. Pour certains pratiquants les cercles de la *lampe cœur des sphères de lumière* émergent directement quand ils sont introduits dans la voie, et ils ne voient pas le champ bleu.

Grâce Primordiale

La Lampe Cœur des sphères de lumière

Vous commencez à voir des cercles légèrement plus grands, brillant d'une lumière intérieure comme des cellules sous un microscope, certains comme s'ils étaient dessinés ou légèrement ombrés au crayon à papier, d'autres avec un contour couleur arc-en-ciel. Ceci est la *lampe cœur des sphères de lumière*. Vous pouvez en percevoir un ou deux allant et venant, ou peut-être même une rivière de cercles ou de sphères. Mais un cercle ou sphère finira par s'installer dans votre champ visuel et y demeurer : c'est un aspect particulier de votre graine du cœur.

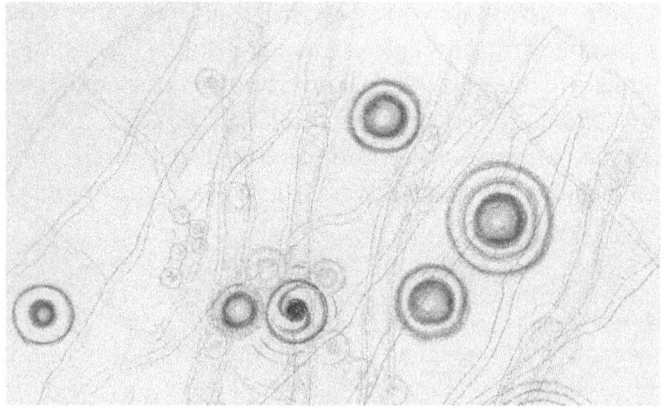

Cercles et continuum de lumière

Vous pourrez également voir de longs brins de petits cercles lumineux, comme des colliers de perles ou des rosaires de lumière glissant à travers le champ avec un mouvement fluide. Certaines fois, il pourra également y avoir d'autres cercles plus petits attachés à eux. Cet ensemble de brins forme le *continuum de lumière*, l'énergie inaugurale au sein de la radiance de l'essence, une continuité d'intention embrassant toute manifestation. Depuis ce brin de lumière apparaissant dans les visions jusqu'aux brins d'ADN dans nos cellules, la même continuité d'intention infuse et guide toutes nos expériences à tous les niveaux.

Cette continuité émerge d'instants en instants dans le monde, dans notre vie et dans le processus de la contemplation. Elle peut apparaître sous la forme des tendances habituelles, des obscurcissements ou des émotions envahissantes ou comme la reconnaissance du cœur originel et du continuum de lumière. Toutes les structures sont maintenues en saisissant encore et encore leur apparente réapparition, d'instant en instant, donnant un semblant de cohérence. L'intention de l'essence manifeste cette continuité pour enseigner et guider en offrant un environnement pour le changement et en donnant le sentiment d'une base stable dans le monde, fondation pour l'apprentissage et le développement. Le ciel au-dessus, la terre en dessous, le cycle des saisons, la nuit et le jour expriment une bonté fondamentale et fonctionnelle comme contexte pour nos choix, une continuité sacrée d'intention en dehors de notre identité personnelle, une continuité offrant toujours un chemin vers soi, un chemin de retour à l'origine pour chaque être, et cette continuité se manifeste directement dans les visions en tant que continuum de lumière.

Ne suivez pas les brins de lumière pendant qu'ils bougent à travers le champ visuel, mais au contraire permettez aux continuums de lumière de s'approcher et de venir se reposer sur n'importe quel cercle de lumière qui s'est installé dans votre champ visuel. Contemplez sans bouger, sans saisir, sans essayer de manipuler les visions de quelque manière que ce soit. Lorsque vous entrez dans les visions, les mouvements du continuum sont le reflet des turbulences de votre esprit. Laissez faire et laissez vos énergies s'apaiser, les brins de lumière finiront par se calmer. Ce sont de puissants enseignants. Ils sont une forme particulièrement active de l'intention de l'essence nous guidant jusqu'à la réalisation du fruit.

Joie Primordiale

La lampe cœur du cœur originel

La lampe cœur du cœur originel voit et reconnaît les visions comme des manifestations directes de l'intention sacrée, se tressant avec la trame du vivant, la radiance de l'essence. L'essence est la source, le potentiel primordial. Toutes les autres lampes cœur et les divers aspects de la voie ne sont séparés en aucune manière de l'essence. C'est pourquoi il est essentiel de se poser dans le cœur originel, reconnaissant d'une façon fusionnelle l'essence dans la manifestation. C'est le catalyseur permettant que les visions se déploient en une séquence authentique et à tous les aspects des sens et de l'esprit d'être purifiés.

Trop souvent, lorsque les pratiquants empêtrés dans les cultures de l'esprit reçoivent ces enseignements, ils pensent leurs expériences du cœur originel et de la radiance et échouent dans leurs tentatives de cheminer sur la voie visionnaire de la radiance. Il s'agit d'être honnête et humble dans l'évaluation de sa pratique spirituelle. Il est vital pour la pratique d'être dans le cœur originel lorsque l'on pratique le regard : sans une reconnaissance authentique du cœur originel, les visions n'émergeront ni ne se développeront pas de manière authentique et naturelle, libre des distorsions de l'esprit. Aujourd'hui, comme dans le chaos des âges à venir, vous pourrez toujours compter sur la Terre pour vous aider à développer une pure expérience du cœur originel, avec ou sans un guide humain.

Lorsque vous contemplez dans le cœur originel, vous fusionnez avec le potentiel rayonnant au sein des visions

Grâce Primordiale

et avec la qualité naturelle de l'essence, une unité au-delà de l'union et de la séparation se déployant depuis la graine du cœur, spontanément présente, une pureté inhérente qui pénètre tous les vivants sans limite comme l'espace.

Les quatre actions

Alors que vous devenez de plus en plus un avec les visions, vous abandonnez progressivement tout ce qui fait obstacle ou empêche la croissance de la graine de votre cœur. Alors que ces obscurcissements s'évanouissent, se développe dans le même temps la reconnaissance d'une perception non voilée, abandonnant graduellement tous les concepts, pensées et émotions, approchant, révélant et réalisant la réalité telle qu'elle est, pour ne plus expérimenter finalement que l'essence. Les quatre visions sont un processus graduel qui ne peut pas être précipité. Le temps du développement est différent pour chaque pratiquant, mais en plus des instructions de base, il y a quelques lignes directrices générales à chaque étape de la pratique.

Sept actions sont parfois présentées comme une aide à la pratique pour n'importe quelle voie. Elles représentent des façons de concentrer l'énergie subtile afin de ne pas se disperser et de ne pas créer d'obstacles à la pratique. Elles permettent de rester centré de manière appropriée à chaque étape de la pratique. Au début, ces lignes directrices sont des choses auxquelles vous aspirez puis progressivement elles deviennent votre façon d'être à chaque étape.

Le premier niveau est *l'action de l'abeille*. Comme une abeille butine le nectar et retourne à la ruche, en symbiose avec la terre, guidée par le rythme de notre Mère, vous êtes certain de votre direction. Sur la voie de la grâce primordiale, cela signifie que vous reconnaissez le cœur originel dans votre expérience directe et avez la conviction que tout ce qui apparait naturellement est sacré et consacré en tant qu'expression de l'intention de l'essence.

Le second niveau est *l'action de l'hirondelle*. Les hirondelles sont extrêmement diligentes. Une fois que vous avez une confiance totale dans la voie visionnaire de la radiance, il n'y a aucun doute que toutes les obscurations, émotions et tendances habituelles seront purifiées à travers cette voie ; vous savez dans votre cœur que vous pouvez atteindre la réalisation dans cette vie et mettre les enseignements en pratique dans une retraite à plein temps. Comme une hirondelle bâtit son nid, se concentrant totalement sur la pratique.

Le troisième niveau est *l'action de la biche blessée*. Restez dans la solitude en retraite complète, loin des personnes immergées dans les cultures de l'esprit et abandonnez toute distraction de l'esprit que vous pourriez encore garder en vous.

Le quatrième niveau est *l'action du muet*. Ne parlez plus et restez dans le silence.

Dans la voie visionnaire de la radiance, les trois niveaux suivant sur la liste traditionnelle ne sont pas entendus comme des actions, mais s'élèvent naturellement à travers votre engagement dans les visions, et leurs qualités se reflètent dans certains aspects des signes des deuxièmes et troisièmes visions.

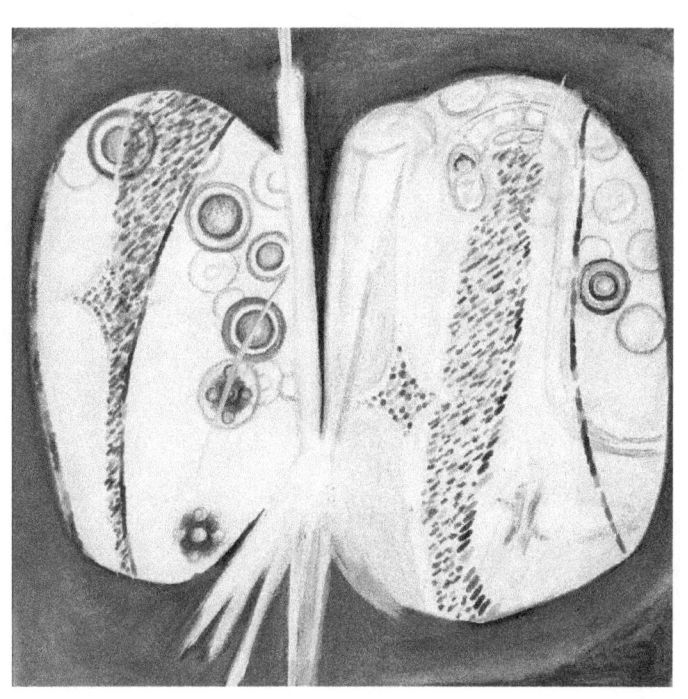

Le Cycle des Quatre Visions

Les quatre grandes visions de radiance font partie d'un processus vivant, organique, un cycle naturel, et il existe au sein de ce cycle des champs entiers d'expériences, chacun avec sa propre texture de transformation. Il y a des repères sur la voie, des passages à travers lesquels vous entrez dans une autre étape du processus visionnaire. Les étapes de cette voie sont appelées les quatre visions, mais elles doivent être plutôt clairement comprises comme étant quatre aspects d'un unique processus visionnaire conduisant vers l'indivisible unicité du retour à l'essence. Les quatre visions ne sont pas des événements séparés ou comme des instantanés apparaissant progressivement dans le champ de vision : elles sont un processus visionnaire vivant, s'étendant sur une période d'années de pratique jour et nuit. Le cycle des visions peut être divisé comme un cercle en quatre segments, quatre aspects de l'expérience similaires au cycle des saisons et aux étapes de croissance d'une plante ou d'un humain, mais ces quatre aspects font toujours partie d'un même cercle unique d'expérience.

Sur cette voie primordiale, l'on s'abandonne au cœur originel, l'on installe le corps et les yeux dans des postures et des regards spécifiques et l'on respire d'une façon particulière afin d'ouvrir un canal très subtil qui mène du cœur aux yeux. Nourri par le sol de votre cœur que vous avez préparé par toutes les pratiques précédentes, la graine lumineuse s'ouvre dans votre cœur et commence à croître vers le haut vers vos yeux donnant naissance à l'expérience fluide et continue que l'on appelle les quatre visions. En suivant les étapes de croissance d'une plante, le semi de lumière émerge et donne naissance à des bourgeons de feuilles au commencement de la première vision, et vous percevez la radiance directement telle qu'elle est véritablement. Le semi croit, produit plus de jeunes feuilles ainsi que les premiers bourgeons de fleurs alors que vous devenez partie de l'expérience croissante de la deuxième vision. Celle-ci continue à mûrir et fleurit dans le rayonnement total de la troisième vision. Dans la quatrième vision, l'énergie se retourne alors vers l'intérieur, concentrant la force dynamique de l'essence pour semer une graine, ce qui amène à l'ultime résolution de tous les phénomènes, de toute radiance, en un tout homogène.

Le langage principal de ce cycle est visuel, l'intention de l'essence communique directement avec vous sans mot, vous engageant et vous faisant mûrir par le mûrissement correspondant des formes et des couleurs de la lumière vivante des visions qui transforment votre être même. Ce processus visionnaire est marqué par une extraordinaire beauté. Nous sommes tous les deux artistes et avons gardé des carnets de croquis des visions alors qu'elles se déployaient pendant notre retraite. Comme les couleurs sont un aspect intégral de ces visions nous avons inclus ici seulement quelques images en noir et blanc. Comme compagnon de ce chapitre nous vous recommandons notre livre, *Luminous Heart of Inner Radiance, Drawings of the Tögal Visions*, avec de nombreuses illustrations en couleur de nos carnets de croquis.

Grâce Primordiale

La Première Vision

La Perception Directe de la Nature de la Radiance

Alors que les cercles et les sphères de lumière deviennent de plus en plus stables dans votre expérience, vous allez commencer à remarquer qu'un ou deux cercles vous deviennent familiers. Ils apparaissent à chaque fois que vous contemplez et commencent à être ressentis comme de vieux amis. Le continuum de lumière commencera à apparaître autour de ses cercles. Les brins bougeront au début rapidement comme des faucons plongeant en piqué et s'éloignant, puis de plus en plus lentement, et de plus en plus proche, déambulant avec la gravité et la dignité de grands animaux, et finalement ils survoleront les cercles en vol stationnaire comme des abeilles approchant une fleur. Lorsque vous percevez trois cercles ou sphères ou plus restant stables dans une disposition proche les uns des autres et que les rosaires de lumière ralentissent et se maintiennent dans une certaine mesure à l'intérieur de ces cercles, ceci marque le début de la première vision de cette voie, *la perception directe de la nature de la radiance*. Vous être en train de percevoir la radiance de l'essence telle qu'elle est, sans ornement, sans confusion, au-delà de toute spéculation, concept ou symbole.

Il y a des signes spécifiques qui apparaissent naturellement au cours de votre pratique. Ce ne sont pas des actions que vous menez ; ces signes apparaissent à l'intérieur de vous et à travers vous au fur et à mesure que la pratique vous fait mûrir. Lors de la première vision, *vous êtes comme une tortue placée dans un bol*. Vous ne voulez pas bouger de la posture, vous ne voulez pas arrêter de pratiquer et vous n'avez aucun intérêt pour d'autres activités. *Vous êtes comme un muet*. Vous ne voulez pas parler. *Votre esprit se dissout comme le givre au soleil du matin*. Par moments votre reconnaissance du cœur originel s'épanouit comme radiance intérieure englobant vos pensées lorsqu'elles apparaissent ; vous n'éprouvez plus le besoin de les suivre.

Pendant cette première vision ce que vous voyez n'est pas aussi important que la façon dont votre esprit est en train de changer, devenant de plus en plus enclin à s'abandonner au cœur, à permettre au cœur de s'ouvrir. Le fait que les cercles se stabilisent et que les brins du continuum de lumière ralentissent reflète que vos énergies deviennent de plus en plus raffinées et que la radiance intérieure fleurit d'elle-même de plus en plus fréquemment. Vos obscurcissements sont en train de se purifier, votre cœur s'ouvre, mais vous n'êtes pas encore parvenu au plein épanouissement de son potentiel. Si vous deviez mourir à cette étape de la pratique vous renaîtriez dans une vie et dans une situation qui vous permettraient de continuer cette voie.

Dès le début de la pratique il est important d'être capable de distinguer les expressions du prana des visions authentiques. Les formes de prana sont des manifestations de l'esprit et de l'énergie subtile. Ces projections sont cristallines, détaillées, nerveuses, précises, électriques, et par moments presque photographiques. Elles apparaissent et disparaissent rapidement, et sont reconnaissables et compréhensibles par l'intellect, elles dépendent de notre contexte et peuvent inclure des images d'un système de croyances spirituelles. Les authentiques visions de radiance sont organiques, fluides, cellulaires. Leur sensation est plus fondamentale, plus douce, accompagnée d'un sentiment de sidération ou d'émerveillement bouche bée et de joie à l'approche d'une présence inconnue et pourtant étrangement familière. Si vous voyez des déités et des formes symboliques élaborées très tôt dans les visions, celles-ci sont praniques, ne vous attardez pas sur elles, laissez-les aller comme vous le feriez avec d'autres pensées et fusionnez au sein du cœur originel avec les cercles et les sphères et le continuum de lumière.

Le champ visuel de la vision authentique a un certain nombre de couches transparentes ou translucides, des voiles plutôt ronds ou ovales, souvent brumeux, blanc ou gris, luisant d'une douce lumière, et se gonflant, ou s'enroulant ou se déroulant souvent comme une carte lumineuse jusqu'à ce que vos énergies subtiles commencent à ralentir. Le *champ au crayon* est la couche la plus superficielle que vous rencontrez initialement. Le continuum de lumière et la plupart des cercles qui apparaissent au sein de ce champ ont des contours gris comme s'ils étaient dessinés au crayon. Quelques-uns de ces cercles peuvent avoir une bordure arc-en-ciel, mais en général ils n'auront pas les couleurs vives des visions suivantes.

Quoi qu'il apparaisse au sein de la vision, fusionnez avec, mais ne vous y attachez pas. Permettez aux visions de s'élever naturellement. Lorsque les visions authentiques apparaissent comme des couleurs d'arc-en-ciel, des cercles concentriques, des diamants, des amas de gouttes, des roues de joie, ou comme des formes ressemblant à des fleurs laisser votre regard se poser sur elles.

Ne soyez pas tenté de les suivre. Les cercles eux-mêmes peuvent être très attirants. Il y a une qualité calmante, centrante, presque hypnotisante à leur rondeur. Les continuums de lumière apparaissent plus actifs, plus sauvages, plus imprévisibles. Ils glissent, s'écoulent comme s'ils étaient mus par la force d'une marée, mais ils vous montrent la force agitée de votre énergie subtile que vous parviendrez à calmer graduellement au travers de tout le processus de la pratique du regard. Pour que le processus visionnaire mûrisse de manière authentique, il est nécessaire de contempler dans l'ouverture du cœur originel. L'aspect le plus important de la première vision est que le cœur originel devienne une expérience plus profonde et plus fluide de fusion. Il y a moins de séparation, les divisions disparaissent. Lorsque vous cessez la contemplation à la fin d'une session vous remarquez que ce qui auparavant était une expérience subtile devient maintenant plus profond et plus stable.

Quelques traditions enseignent que la posture du lion renforce votre connexion avec le continuum de lumière, la posture de l'éléphant renforce celle avec les cercles, et celle du yogi des montagnes avec le cœur originel. Au début lorsque vous stabilisez le champ, il peut vous sembler que vous favorisez l'œil droit. Votre œil droit a une affinité avec les cercles et les sphères, ce qui est naturellement plus calme et reposant. L'œil gauche a une affinité avec le continuum de lumière et même si les brins sont plus actifs au début, ceux-ci jouent un rôle clé dans le développement global du processus visionnaire, ne négligez donc pas l'œil gauche.

Ne spéculez pas à propos des visions pendant que vous contemplez. Ne vous laissez pas tenter de réfléchir à propos de la façon dont elles apparaissent, de les compter, de mesurer vos progrès, de vous inquiéter, de vous demander si vous faites bien. Allez directement à votre cœur et aux visions. La voie de la radiance est la voie de l'absence de doute, la voie de l'expérience directe. Donnez-vous aux visions. Il est très important de se rappeler que vous ne faites pas apparaître les visions. Vous ne les visualisez pas, ni ne les manipulez. Vous laissez faire, vous permettez, vous vous abandonnez, entrant dans une relation profonde, dans une dimension sacrée sans extérieur ni intérieur, sans soi ni autre, idéalement une union tendre et douce. Pourtant, des choses peuvent remonter et votre esprit peut s'agiter. Voyez-les simplement, toutes ces angoisses et ces intuitions, et laissez-les aller. La vision va se calmer et un jour, vous ne vous soucierez plus autant des productions de votre esprit. Vous abandonnerez la fascination pour l'étonnante et parfois claustrophobique variété de pensées et de perceptions et vous vous abandonnerez totalement aux visions. Votre expérience du cœur originel deviendra naturellement de plus en plus stable, et vous aurez confiance que la pratique vous amènera jusqu'à l'accomplissement. Une grande joie émergera. Ce n'est pas de la félicité ; c'est le premier repère, la joie de laisser aller et de permettre à votre cœur lumineux et ouvert de fusionner avec les cercles et le continuum de lumière, fusionnant avec les visions de radiance et entrant dans la grande joie primordiale du retour à l'origine.

Les visions sont organiques, chaque vision évolue naturellement vers la suivante. Au début en particulier, chaque pratiquant aura des expériences différentes des étapes de la métamorphose vécue au fur et à mesure que les visions vous mènent vers la résolution ; mais il y a des qualités spécifiques aux visions et des signes définis qui doivent apparaître à chaque étape, ce sont des repères servant de guide sur ce voyage essentiel.

Il y a plusieurs manières de distinguer entre la première et la deuxième vision. Certaines traditions mettent l'accent sur la taille des cercles et du champ visuel. D'autres mettent l'accent plutôt sur les couleurs ou sur le mûrissement du cœur originel comme repères sur la voie. Il y a une fluidité dans le processus. Votre expérience du cœur originel et des visions évoluent ensemble mais ce faisant, votre expérience peut être ressentie comme une vague : touchant de nouveaux aspects de la vision et approfondissant les qualités du cœur originel, puis reculant un peu, à la façon d'une marée montante, qui avance doucement, mais régulièrement, de plus en plus loin sur la plage.

La Deuxième Vision

Devenir Radiance

Alors que les visions de la radiance continuent à évoluer, vous entrez dans la deuxième vision, *devenir radiance*. Le champ visuel, les cercles et le continuum de lumière deviennent plus grands et les couleurs d'arc-en-ciel commencent à se stabiliser. Vous commencez à voir plus de formes basiques fondamentales de lumière : des cercles concentriques, des roues de la joie, des diamants, des amas de sphères, des bandes, des rayons (lignes concentriques), des treillis, des champs multicolores chatoyant, des formes de fleurs en croix, etc. Ces formes sont simples, organiques et naturelles. Elles ne sont pas symboliques, elles sont les expressions de la lumière vivante. La perception directe que vous en avez peut être influencée par votre conditionnement culturel ; quelqu'un avec de longs antécédents de pratiques de visualisations pourra retrouver dans ces formes de lumière des liens ou des perspectives correspondant à ses croyances. Encore une fois soyez vigilant à distinguer les manifestations praniques des visions authentiques. Les formes de base dans leur pure présence élémentaire ont un pouvoir telles qu'elles sont, qui à la fois valide et va au-delà des structures religieuses.

Alors que le champ au crayon devient de plus en plus transparent vous percevez une ou plusieurs couches de champ coloré, le plus souvent très fondues et actives au début, avec des motifs de couleur arc-en-ciel ou des champs de couleurs variées ou bien une déferlante de cercles colorés traversant le champ et le remplissant.

Les cercles et le continuum de lumière croissent en taille et en nombre. Ils ont une présence plus tangible au fur et à mesure qu'ils évoluent et leur couleur augmente d'intensité. La taille des éléments des visions dépend du champ extérieur sur lequel vous pratiquez le regard. Si vous contemplez le ciel, vos cercles concentriques les plus grands pourront apparaître de la taille de montagnes et de vallées. Si vous êtes à l'intérieur vous les verrez en proportion, de la taille de coupes, de bols, de tables, de fenêtres ou de portes, mais toute comparaison en termes de taille et de profondeur deviendra de plus en plus fluide, comme faisant partie du développement des visions.

Les visions ne sont ni à l'intérieur ni à l'extérieur et vous pouvez commencer à expérimenter un glissement spatial dans la manière dont vous les percevez. Vous pouvez sentir que vous entrez en elles ou ressentir une soudaine et vaste expansion à l'intérieur du champ de vision, comme si vous regardiez depuis le sommet d'une haute montagne, alors que les cercles et le contenu de lumière sont de la même taille que l'instant d'avant. Votre esprit lâche prise sur les paramètres ordinaires de taille, de dimension et de perspective. La contribution cérébrale à ce que vous percevez est en train de disparaître et vous voyez de manière plus pure ce que la rétine voit à travers les yeux du cœur. Cela s'appelle *briser le sceau*.

Alors que les visions de radiance augmentent, le cœur originel se stabilise. Votre expérience de la vision et votre expérience du cœur originel sont réunies. Vous en arrivez à réaliser que la radiance intérieure regarde à travers ses propres yeux, reconnaissant et fusionnant avec la radiance intérieure de toute manifestation. Cette fusion est un moment charnière dans les visions et est appelée *franchir le col*. Maintenant que vous devenez les visions, les visions elles-mêmes deviennent le véritable signe de votre progrès sur la voie.

Les *étoiles de sagesse* apparaissent, des formes curvilignes de diamants tissées de fibres de lumière incroyablement fines. Elles peuvent apparaître soudainement, aller et venir en un mouvement, d'une façon très similaire aux colibris. Elles sont une pure expression de la grâce apparaissant au sein des visions. Alors qu'elles augmentent en nombre et en complexité dans leur forme, apparaissent en leur sein des bandes clignotantes de lumière couleur arc-en-ciel se transformant en suivant des motifs complexes et spécifiques.

La simple forme de fleur cruciforme commence à mûrir en des variations clairement distinctes de mandala graine, d'énergies tranquilles et dynamiques, disposés selon un motif de base de quatre cercles de lumière autour d'un cercle central. Les *mandalas graines paisibles* peuvent avoir avec des combinaisons de couleurs variables. Elles peuvent avoir une simple bordure arc-en-ciel ou plusieurs bordures comme des vagues ou des rides sur un plan d'eau. Elles reflètent l'énergie calme, centrée du potentiel en équilibre et apparaissent parfois comme une croix égale. Les *mandalas graines dynamiques* sont construits sur le même arrangement de base, et sont beaucoup plus dynamiques, presque explosifs, avec des formes circulaires et des bandes colorées provenant des quatre points cardinaux et des diagonales. Ils sont une expression des énergies puissantes d'initiation et leur présence donne une sensation de mouvement, même lorsqu'ils sont stationnaires. Alors que les mandalas graines paisibles et dynamiques augmentent en nombre, ils deviennent aussi plus complexes et se différencient en couleur et en forme.

C'est le moment où vous devriez concentrer votre attention sur l'œil gauche. Non seulement les cercles auront augmenté de taille, mais l'un des brins du continuum de lumière aura grandi en largeur et en densité. Ce brin est en train de mûrir et bientôt une déité, simple forme corporelle non ornementée, va commencer à se manifester. La déité apparaît d'un brin de lumière arrivé à maturité et peut, ou pas, être le même brin associé aux trois cercles de la première vision. Au sein du continuum de lumière, la déité apparaît au début comme une simple tête circulaire avec une protubérance crânienne, puis vient le haut du corps, puis une forme corporelle complète et encore ultérieurement de nombreuses formes corporelles. Ceci est le reflet de l'évolution naturelle de l'essence en vous au fur et à mesure que la confusion et les obscurcissements continuent de se dissoudre. La déité ou l'être divin est votre graine du cœur, votre être-même mûrissant et se développant comme un bourgeon de la réalité. Il s'agit d'une expression et d'un signe majeur.

Pendant la seconde vision vous êtes *comme une personne dans les affres d'une maladie grave*. Vous perdez votre sens de l'orgueil ou de la honte à propos de votre corps. Votre discours est comme celui d'un *fou divin*. Les mots coulent directement de votre cœur, libres de toutes contraintes culturelles. La cohérence linéaire de vos pensées et de vos mots s'effondre. Vos mots peuvent apparaître

Grâce Primordiale

spontanément d'une autre dimension d'expérience. Vous êtes *comme une personne sous l'influence d'une plante sacrée psychotrope*. Vos pensées ordinaires se sont dissoutes dans le cœur originel et vos perceptions sont moins sujettes à la conceptualisation. La confusion à se fixer sur l'apparente solidité du monde manifesté est en train de refluer. La saisie des attachements et des hostilités disparaît. Les voiles qui vous empêchaient de percevoir purement à partir du cœur et les voiles qui vous empêchaient de vous fondre dans l'unité de toute manifestation sont en train de disparaître. Vous évoluez au-delà des concepts d'attraction et de répulsion, au-delà de l'acceptation et du rejet. Vous ne vous souciez plus de ce que vous portez ou pas ; cela aide d'être en retraite. Vous vous préoccupez encore de votre santé, mais vous êtes complètement immergé dans les visions et vous avez laissé tomber tout soin de n'importe quel aspect de votre corps et de tout ce qui ne concerne pas la contemplation. Les métaphores traditionnelles pour les signes de cette étape sont les expressions d'un changement de votre expérience pouvant ressembler à un état modifié de conscience. Les structures qui maintenaient la cohésion des concepts, les colles culturelles, se dissolvent. Vous n'avez pas encore atteint le moment où il vous paraîtra naturel d'être si fluide, et cette sensation inhabituelle vous apparaît comme extraordinaire.

Le bourgeon de la graine du cœur est en train de commencer à s'ouvrir. Si vous mourriez à cet instant vous reconnaîtrez et fusionnerez directement avec la radiance de l'essence qui apparaît après la mort, soit comme une vaste ouverture d'un ciel bleu d'automne ou bien comme les visions de radiance pouvant émerger pour vous d'une façon particulièrement claire et complètement dégagée.

Alors que les visions continuent à évoluer, vous commencez à voir des cercles colorés de plus en plus larges se rapprocher, se joindre et fusionner les uns avec les autres. Ces cercles de lumière arc-en-ciel en union sont des expressions du mûrissement continuel de la vision et de votre graine du cœur. Au début vous percevrez les *unions* de ces cercles de lumière d'arc-en-ciel se rapprochant ensemble, comme deux amoureux dans une étreinte, et finalement certains développeront des halos, des auras et des formes corporelles. Dans certaines traditions, les unions font partie de la troisième vision, mais l'union des cercles commence à apparaître bien avant qu'ils ne mûrissent au sein du rayonnement de la troisième vision.

Le seuil entre la deuxième et la troisième vision est aussi fluide que les transitions entre les autres visions. Il n'y a pas vraiment quatre visions : elles font partie d'un tout organique et homogène. Diviser le processus en quatre étapes est une manière d'organiser les aspects variés de l'expérience visionnaire et de la transformation qui vous arrive à travers la pratique, mais ne vous perdez pas dans la mesure de votre progrès.

La Troisième Vision
L'éclat de la Radiance

Le champ visionnaire devient plus large et il y a une qualité fusionnelle, vivante, viscérale aux visions et à la manière dont elles apparaissent. C'est le début de la troisième vision, *l'éclat de la radiance*. La totalité viscérale de toute expérience et l'apparition des mandalas caractérisent cette troisième vision. Le semi de lumière mûrit, fleurit et s'épanouit de manière de plus en plus éclatante, abondante, au-delà de toute mesure, et le déploiement des visions commence à devenir omniprésent. La radiance intérieure rayonne vers l'extérieur au maximum de son ampleur et brille sur tous les aspects des visions et de l'expérience ordinaire.

Les formes simples des êtres saints qui ont commencé à apparaître dans les champs colorés au même moment que les déités commencent maintenant à mûrir. Alors qu'ils vont et viennent au sein des champs de couleurs, ils deviennent graduellement plus complexes dans leur forme ; les simples sphères avec des halos et des corps de lumière allongés semblables à des cocons se transforment en figures individuelles ou en union.

L'apparition des déités dans la seconde vision est l'expression de l'ouverture semblable au ciel de votre cœur qui s'épanouit en radiance intérieure, se reconnaissant lui-même à travers vous. Les êtres saints qui mûrissent au cours de la troisième vision sont l'expression d'une conscience plus large de cette connaissance sans connaître, l'intention de l'essence hors de la manifestation personnelle, la trame lumineuse de l'intention de compassion qui tisse la vision de la totalité du monde dans laquelle nous nous trouvons. Les êtres saints sont le reflet de l'apparition spontanée de la nature de l'essence au sein de laquelle les sphères de conscience individuelle apprennent, se développent et mûrissent.

Les unions continuent à se manifester comme des unions simples, puis en groupe, et finalement en motif de groupes en union, formant des filets, des colliers, des réseaux de lumière vivante, et d'immenses formes de lumière en trois dimensions tissant ensemble d'innombrables mondes d'intention. Ces déploiements s'étendent au-delà de la source lumineuse, allant au-delà des supports au fur et à mesure qu'ils évoluent en *mandalas* complets dans une remontée organique, fusionnelle, douce, depuis les plus grandes profondeurs. Les mandalas sont organiques, avec des arrangements rythmiques qui s'épanouissent autour ou qui sont associés avec les formes des êtres saints. Ils vont commencer à se stabiliser et certains peuvent demeurer pendant de longues périodes de temps, flottant au sein des profondeurs océaniques. Des champs entiers de filets lumineux apparaissent, avec des mandalas graines paisibles ou dynamiques à chaque intersection, et des masses d'énergie de minuscules lumières de minuscules formes corporelles. Pendant tout ce temps, la trame du monde habituel se démantèle littéralement, se délitant en compagnons de lumière.

Le monde de l'expérience externe continue à s'adoucir. Ce qui était auparavant solide, une réalité fixée, devient de moins en moins rigidifiée par les concepts de temps et d'espace. La matière est perçue telle quelle, lumière vivante, radiance de l'essence, et le paysage ou votre corps peut soudain exploser en rayons de pures lumières colorées. Vous commencez à voir d'innombrables formes saintes et des mondes sacrés emplissent tout l'espace, tout en restant sur le bout de votre doigt. Des univers entiers se déploient soudainement depuis les coques vaporeuses des perceptions qui, un moment auparavant, pouvaient être un coude ou une main.

Si jusque-là, sur les berges du sommeil, vous ne contempliez pas déjà l'obscurité au sein de la lumière des visions elles-mêmes, c'est le moment de prêter attention à ce nouveau palier. Une autre forme de vue s'éveille, les yeux voyant directement par la luminosité de la lumière du cœur.

Pendant la troisième vision vous êtes *comme un éléphant dans la boue*. Il y a une qualité viscérale, fusionnelle, aux visions et dans toute votre expérience, une densité visqueuse et fluide, un poids et une liberté en même temps pendant que vous regardez ou marchez alentours. C'est une expérience d'immersion totale, pleinement engagée dans la qualité tactile et transitoire de l'expérience, et pourtant sans y être pris de quelque façon. Tous les détails de vos expériences sont plus vivants, plus densément texturés et en même temps plus fugaces. Il y a une qualité de rayonnement et d'épanouissement total à toute expérience et pourtant vous devenez de plus en plus proche de l'essence. Les tendances habituelles, les schémas émotionnels, les concepts de temps et d'espace sont en train de disparaître, L'éléphant est tout proche de sortir de la boue.

Votre parole est celle d'un *esprit élémentaire d'eau qui chante avec une voix particulièrement belle.* Par le mûrissement de la sagesse de l'unité, les rythmes archaïques et primordiaux de l'union du ciel et de la terre infusent chaque mot prononcé ou entendu. Vos pensées peuvent apparaître en pieds et en rimes. Vous pouvez entendre et chanter des chants que vous n'avez jamais entendus ou bien d'autres que vous connaissez, tous évoquant des sons célestes émergeant de et retournant à la lumière.

Votre esprit est *comme une personne qui est guérie d'une maladie et maintenant immunisée.* Vous ne craignez plus d'être prisonnier de nouveau de la coquille confinée de la séparation. Vous êtes en dehors de tout obscurcissement de l'esprit, sans peur de retomber à nouveau dans l'ignorance. Vous ne pouvez plus retourner en arrière. Tous vos systèmes philosophiques disparaissent et à la place émerge une connaissance directe et sans faille. Toutes les structures de croyances qui ont supporté votre cheminement jusqu'à maintenant sont des coquilles vides sur la plage du vaste océan de cette connaissance. Vous ressentez une sorte de nostalgie sans manque émergeant de votre cœur, une tendresse venant du fait que le monde manifesté devient lumière et que vous vous éloignez de la solidité, vous rapprochant toujours plus près de l'essence.

L'expansion complète de la troisième vision est au-delà de toute mesure, mais aussi vaste et omniprésente soit-elle, ce n'est pas encore le retour complet à l'origine. Vous êtes toujours au sein du domaine de la radiance, du domaine de la manifestation. Alors que la vision évolue vers son plein déploiement, des lignes de lumière vont s'écouler depuis les amas de mandalas graines paisibles et des êtres saints pour se connecter au centre de votre cœur. Si vous mouriez à ce moment, vous seriez pris dans les filaments de lumière et attiré vers les centres du cœur de ces expressions de la radiance intérieure, ou alors ces formes de lumière pourraient être attirées vers le centre de votre cœur. Dans les deux cas, par ce transfert, vous fusionnerez avec l'essence et diffuserez au sein de la lumière massive de la radiance intérieure.

La Quatrième Vision

La Résolution de la Radiance

L'apparence des filaments de lumière est un signe du commencement de la quatrième vision, la *résolution de la radiance*. Les fines lignes de lumière qui se connectent lorsque le rayonnement atteint son apogée à votre centre du cœur depuis les amas de mandalas graines paisibles et des êtres saints ne sont pas seulement visuels, mais sont ressentis au sein de tout ce qui reste à résoudre. L'expérience est celle de très fines fibres de lumière, tissant une brillance à partir de ce tout qui reste de vous, emportant ces restes de votre être, et les changeant en la brillance de la lumière qui se manifeste. À travers la voie complète des quatre visions, la radiance de l'essence et les rosaires de lumière qui sont le noyau ou le germe de la graine du cœur sont arrivés à pleine maturité. Puis, toute la manifestation se dissout dans l'essence. Ce qui reste des perceptions et des apparences maintenues par les racines les plus profondes de l'identité individuelle disparaît. La continuité de toute expérience cesse littéralement. Il y a une rupture, un saut, ni rien ni non rien. Il s'agit du point culminant, la résolution de tous les phénomènes unifiés ensemble en un tout homogène.

Le processus de la quatrième visite vision est très similaire à la façon dont une plante germe. La plante ne sort plus de bourgeons et les pétales de la délicate fleur finale s'assèchent en couleurs opaques et assombries. Toute l'énergie de la plante va vers la graine. Avec le même pouvoir inexorable qui a conduit leur développement, lentement, infailliblement, les visions se retirent des horizons sans limites de la pleine expansion de la troisième vision. Les rythmes d'expansion commencent à changer, les visions sont en train de débuter le grand reflux vers l'intérieur qui mènera à la résolution de la radiance. L'énergie qui mène le rayonnement de la troisième vision, toujours en expansion, fondue et fluide, commence à se replier vers l'intérieur, comme la crête d'une vague s'enroulant sur elle-même, concentrant la pleine force du rayonnement en la graine de l'unicité. L'énergie créative du pur potentiel est en train de se transformer passant de l'expansion vers l'extérieur à la concentration de cette énergie dans les graines éveillées.

Ce mouvement coalescent, cette force de marée revenant vers l'intérieur, apparaît tout d'abord comme les mandalas fruits semblables à des grappes de graines d'unicité et comme les amas avec les filaments de lumière. Finalement apparaissent des nébuleuses d'innombrables mandalas graines paisibles dont les plus éloignés sont au-delà du temps et de l'espace, galaxies d'unicité, apparaissant comme des nuages interstellaires émanant des profondeurs insondables bleu nuit, réfléchissant la brillance de l'implosion et de l'expansion à la frontière de l'essence elle-même.

Des vagues d'amas, de galaxies d'unicité, d'unions et de formes simples se dissolvent à travers le champ de vision devenant progressivement de moins en moins nombreuses. Le rayonnement total est en train de refluer, une qualité dans la vision semblable à l'énergie attirée vers le bas d'une plante ou d'un arbre à l'automne. Il y a une quiétude, un retournement vers l'intérieur, la lumière revenant au cœur. C'est la plus profonde de toutes les visions. Il y a un côté fascinant pour les derniers vestiges de l'identité manifeste à déployer les visions à l'extérieur, à s'abandonner à la gloire et à l'émerveillement de l'expérience toujours grandissante, comme une lune croissante atteignant un rayonnement sans limite, un sommet au-delà de tout sommet, un ciel au-delà de tous cieux. Mais ayant embrassé l'étendue complète de toute expérience, au moment où les visions retournent cette immensité vers l'intérieur, la condensant en la graine maintenant éveillée, le dernier bout d'identité demeurant encore dans le corps amène dans cet ultime abandon la vision vers l'intérieur et vers le bas, abandonnant même l'expansion de la radiance.

   Un simple cercle apparaît au milieu de la vision qui se condense. Il se peut que ce soit le même cercle familier de la première vision, ou bien un nouveau, et il devient votre guide. Toute votre expérience est maintenant homogène. Les simples mouvements de la nature, les couleurs d'une feuille d'automne, les gouttes de rosée sur un brin d'herbe, une pomme à la lumière d'une bougie, ne sont pas moins incroyables que les visions ou les explosions de lumière. Il y a un accueil total de tous les niveaux de l'expérience, comme une unité pour toujours au-delà de tout fractionnement ; et avec cette unité vient une douceur et une profondeur comme le fond sans fin de la mer, une tendresse océanique massive continuelle, fluide, immense. Les quatre grandes qualités, ouverture, transcendance, unité et présence spontanée sont maintenant toutes une, une même chose, elles ne sont plus divisibles en quatre, elles sont la perfection d'une sphère unique.

Grâce Primordiale

Durant la quatrième vision vous êtes *comme un arc-en-ciel dans la brume*. Au sens littéral. Les perceptions qui maintiennent votre corps ensemble sont en train de se dissoudre. Comme une brume au soleil de midi, sans effort, naturellement, vous vous dissolvez en lumière. Le *discours est comme un écho*. Même lorsque vous entendez votre propre voix, il vous semble que personne ne parle. Votre voix se change en brume également, elle n'est pas séparée des textures de vos autres sens. Les mots n'ont plus le pouvoir de maintenir quoi que ce soit. Vous expérimentez seulement des *pensées qui apparaissent comme un éclair* et qui disparaissent aussi vite qu'elles apparaissent. Vous êtes *comme une personne frappée par une flèche en plein cœur*. La résolution de la radiance arrive soudainement, toutes les expériences se sont épuisées en en instant. Il n'y a aucun moyen d'éviter le retour de l'essence, il n'y a plus personne pour l'arrêter.

Le champ visionnaire devient de plus en plus petit et vous pouvez voir des ouvertures ovalaires, des trous noirs, comme de l'huile sur de l'eau, mais avec une qualité très différente. Ils ne flottent pas sur une surface, ils sont la profondeur à travers laquelle l'essence apparait, stationnant à la limite de la perception. Vous récapitulez littéralement la voie. Des couches de voiles de toutes les visions réapparaissent et le champ au crayon de la première vision devient à nouveau apparent. Soudainement il y a une sensation, une profonde vague au sein de tout votre être, une vague de tout l'espace, et puis, touchant le fond de toute expérience, résolvant et devenant essence, ni rien ni non rien, plus d'observateur ni rien à observer, et pourtant vous vous remanifestez, avec une mémoire au-delà de la mémoire.

Depuis le sein de la résolution de l'essence comme essence, il n'y a plus personne, personne pour décider, mais l'ensemble de vos aspirations et de votre intention tout au long de la voie vous propulse à demeurer dans l'omniprésence de l'être primordial, dans les profondeurs de l'origine, ou bien à vous remanifester dans la radiance de ce monde, transformé, demeurant en l'état naturel de l'être originel dans cette vie même.

Le Retour

Au-delà des mots, une profondeur au-delà de toute profondeur, ni esprit, ni corps, ni monde. Comme la tonalité grave et simple d'une timbale. Le temps s'est dissout avec l'espace et l'absence de mots, au-delà de l'intemporalité, ni rien ni non rien.

Puis le retour, comme si un être complet de toutes les expériences, recommence soudainement à pulser avec le sang,, sans interruption, réapparaissant, se remanifestant, rien n'est revenu, et pourtant une mémoire primordiale contenue dans chaque cellule, une connaissance bleu nuit avec une intention à la fois personnelle et hors de soi, inexprimable et pourtant son retour se manifeste dans toutes les apparences.

Nous marchons dehors dans l'air vif du printemps, parlant ensemble calmement. Nous parlons comme avant de l'expérience, et pourtant nos yeux voient maintenant à travers cette profondeur et ne voient plus que ses reflets. Tout est vision, une expérience si profonde, insaisissable, vos os le savent, vos yeux le savent, votre cœur le sait, vos cheveux, rien qui ne soit maintenant, suspendu dans une vaste tendresse au-delà de toute connaissance. Nous ne sommes plus et pourtant nous percevons et fonctionnons comme une essence en union. Tous les mots, toutes les pensées, sont des bulles brillantes, des bouts d'écume flottant à la surface d'incommensurables profondeurs de radiance.

Grâce Primordiale

Lorsque l'on atteint la sensation que l'on appelle la vague, on arrive à l'extrême frontière de l'essence, et pourtant un filet ténu d'identité maintient encore en place la dernière trace de soi jusqu'à ce qu'il éclate aussi brusquement, et alors tous les phénomènes, toute perception, et la totalité du corps se dissolvent en pure essence, au-delà de l'unité. L'on retourne dans le même corps, bien que différent, la même personnalité pourtant changée, le même monde et pourtant l'on perçoit à travers tout cela. L'on retourne en ayant reconnu l'essence. Il n'y a pas de limites à cette connaissance, pas de barrière de temps ni d'espace. L'on est claire essence, le cœur du tout, la profondeur, l'absence de centre, présent, humble graine se manifestant sous une forme apparente dans le seul but d'être bénéfique.

Lorsque l'on revient, on reprend à nouveau un semblant de vie ; on peut sembler avoir des espoirs et des peurs ordinaires. L'on peut apparaître charismatique ou courageux ou bien calme et discret. Rencontrer le domaine du choix venant de l'unicité, c'est comme être un faiseur de pluie qui apporte la pluie longtemps espérée, simplement en étant ce qu'il est, ni rien ni non rien, inséparable du tout. L'on est un champ d'émanations naturelles pour conforter, conseiller, protéger, ou enseigner. L'on apparaît avec une intention, visible ou invisible selon l'observateur. Cette manière d'apparaître, spontanée, sans effort, désintéressée est celle des émanations, naturellement, avec fluidité, depuis la pure coquille de notre retour, de notre sphère d'essence. L'on est devenu un avec la couronne de l'essence, la nature de tous les êtres saints.

Le Cycle des Quatre Visions

Repères sur le chemin

Un résumé de la manière dont l'expérience de la pratique apparaîtra au fur et à mesure du mûrissement des quatre étapes visionnaires.

Quand vous avez expérimenté la venue ensemble de la reconnaissance du cœur originel et de la pratique visionnaire de la radiance et senti au sein de votre cœur la merveilleuse chaleur de la grande joie, réalisant que cette voie va vous mener à l'origine de cette vie, vous avez atteint le premier repère : *le joyeux*.

Quand vous avez reconnu lorsque vous pratiquez le regard que les visions ne sont pas dans la flamme de la bougie ou dans le ciel, mais qu'elles s'écoulent à l'extérieur à travers vos yeux, vous avez atteint le deuxième repère : *Les yeux éclairés*.

Quand vous avez perçu trois cercles stables et un continuum de lumière venant ensemble alors que vous devenez de plus en plus un avec le déploiement, vous avez atteint le troisième repère : *le cœur enflammé*.

Quand vous avez expérimenté un développement de la manifestation et que vous avez reconnu que la radiance intérieure vous regarde à travers ses propres yeux, vous avez atteint le quatrième repère : *franchir le col*.

Grâce Primordiale

Quand vous avez perçu la forme corporelle d'une déité unique et avez expérimenté la purification de tout ce qui vous empêchait de reconnaître cette déité comme étant vous-même, vous avez atteint le cinquième repère : *émouvante pureté*.

Quand vous avez purement perçu depuis votre cœur la palette de couleurs et les mandalas graines paisibles et dynamiques tels qu'ils sont, vous avez atteint le sixième repère : *voir clairement*.

Quand vous avez perçu les mères et pères de lumière primordiale en union lorsque la séparation se dissout et que vous voyez qu'il est impossible d'être séparé, vous avez atteint le septième repère : *atteindre l'union*.

Quand vous avez perçu des amas avec des filaments de lumière se connectant à votre cœur lorsque toutes les pensées conceptuelles qui maintenaient le temps et l'espace disparaissent, vous avez atteint le huitième repère : *devenir lumière*.

Quand vous avez perçu le mûrissement des mandalas et des galaxies d'unité, vous avez atteint le neuvième repère : *seuil de l'unicité*.

Quand vous serez arrivés au cœur des profondeurs océaniques de la sphère unique tournée vers l'intérieur et que toute la radiance incluant cette profondeur se résout dans l'essence, vous aurez atteint le dixième repère : *devenir essence*.

Une graine pour un nouveau départ

Considérant le degré d'insanité de l'humanité actuelle, il peut sembler extrêmement difficile de croire ou d'envisager que certains humains pourront survivre après l'effondrement à venir et retourner au cercle sacré de la vie. Dans nos cœurs, nous voyons un futur où de petits groupes de personnes reviendront à une vie vécue avec notre Première Mère dans le cœur originel et commenceront le long voyage de la guérison.

Le cercle de la vie porte la graine d'un nouveau départ. Cette graine comporte des groupes de gens de la Terre, spirituellement responsables pour eux-mêmes, sphères d'influence interagissant avec d'autres sphères, comme les cercles concentriques se formant sur une mare lors d'une légère pluie. Ces personnes, individus humbles et lucides, offrent tout ce qu'ils peuvent au groupe et reçoivent tout ce dont ils ont besoin, avec un équilibre constant en union avec la totalité. Chaque groupe est un petit cercle de personnes interreliées au travers de leur cœur, tel le vol d'oiseaux se déplaçant comme un seul, un consensus vivant circulant au sein du flot du cœur originel. Pas de séparation, pas de haut ou de bas, un appel et une réponse dans l'instant unis à tous les autres appels.

Vous imaginez-vous dans une telle graine ? Pensez-vous que vous pouvez revenir à l'origine ? Pouvez-vous vous imaginer quitter les structures du mental et vivre dans l'ouverture du cœur ? Pouvez-vous concevoir de ramener vos désirs et vos besoins à presque virtuellement rien afin de vous ouvrir à une vie remplie jusqu'à déborder ?

La vision du monde que nous appelons Terre peut être vécue dans la simplicité, au sein de la merveilleuse et vivante gloire qui se manifeste naturellement. Il est encore possible de l'apprendre, il y a bien quelques méthodes, mais le plus important est d'avoir un cœur ouvert et lucide. Savoir comment vivre avec notre Terre est cruciale pour évacuer le fondement de la peur sous-jacente à notre civilisation contemporaine. Si l'on a la conviction dans notre cœur qu'où que nous nous trouvions, nous pouvons construire un abri, trouver de l'eau, faire du feu, et trouver de la nourriture, nous nous libérons de la terrible malédiction de la chute, la peur de l'impuissance, la peur de se perdre. Nous sommes ici pour vivre simplement, au sein de la vision du monde naturel, sans les peurs et les fardeaux de la séparation. Nous suivons les signes et les messages personnels qui viennent d'une union de cœur à cœur avec le divin, dans une vie spirituelle se déroulant au milieu d'innombrables vies, embrassées par le flot de l'intention.

Mais aujourd'hui nous sommes arrivés au point d'une planète en danger, et l'absurdité humaine est en train d'atteindre des proportions suicidaires. L'extinction des espèces est pandémique. La grande diversité de la vie naturelle est en train de s'évanouir du fait de nos actions. L'ignorance des hommes atteint des sommets, et va bientôt se retourner contre elle-même et s'effondrer, tel un malheureux reflet du cycle naturel du déclin, se terminant cette fois en une tragédie inutile. C'est presque trop sombre pour arriver à le concevoir, et pourtant c'est aussi un moment pour semer des graines, un moment pour se tourner vers l'intérieur, vers l'origine, vers ce qui est essentiel. C'est un temps pour semer la graine de notre voyage spirituel, pour concentrer nos efforts et donner à notre vie, à notre intention et à tout notre amour une forme permettant d'engendrer une vie nouvelle. Nous pouvons embrasser ce moment et changer en lui, ou bien rester attachés à ce qui est en train de s'effondrer en niant la réalité de la situation ou en essayant de la dissimuler.

Les périodes de déclin et de dissolution amènent un vide, une ouverture, en lequel nous pouvons choisir de modifier nos perspectives et changer. Au sein de ce vide, extraordinaire espace dans le temps, il est possible de semer la graine de nouvelles dimensions de notre chemin et de changer en celles-ci.

Le chemin de la grâce primordiale nous aidera à apprendre les voies de la Terre et à respirer au rythme de notre Première Mère, afin de devenir un individu réuni, un avec la totalité, avec un cœur semblable au ciel se déployant au sein du cercle de l'intention de la vie. Ce livre est une graine et si elle germe sur un sol fertile, elle pourra vous guider afin de voir avec des yeux ouverts et percevoir le monde à partir du cœur, ouvert comme le ciel. Grâce à une vision non obscurcie par l'esprit, vous saurez quoi faire avec cette ouverture au sein de l'effondrement. Semer une graine, avoir un cœur ouvert est relié à l'intention que toute vie prospère, expérimente et apprenne au sein du mouvement actif d'un amour créateur. Si vous vous reliez avec un cœur ouvert à tout ce qui se manifeste naturellement, vous expérimenterez cet amour. C'est cet amour créateur qui soignera les blessures de notre monde, préparant le terrain pour un autre âge.

Maintenant que nous sommes arrivés à ce moment de semer une graine, nous avons tous une opportunité et une responsabilité sacrée de faire des choix qui donneront naissance à un futur harmonieux au sein de la radiance de l'essence qui se manifeste naturellement tout autour de nous.

Nous prions pour que de la dissolution de cet âge puisse émerger un autre âge où le monde naturel sera de nouveau vu au travers du cœur, comme le cœur. Il n'y aura plus ni séparation ni distinction d'autre, mais la conscience aimante et toute embrassante d'une vision sacrée, semblable à la courbure des pétales d'une fleur s'épanouissant à partir de la graine et rayonnant vers l'extérieur, qualité fusionnelle naturelle de l'union, fluide comme l'eau, vaste comme l'air, brillant comme le soleil.

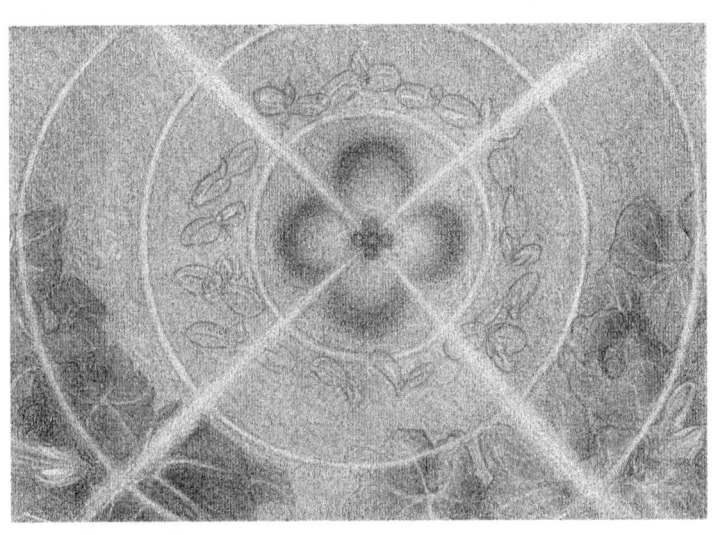

Glossaire

Résumé de quelques mots clés utilisés dans le texte

Union[2] : Une expérience de résolution totale et complète de toute existence, sphère d'influence dissoute sans effort en l'essence, comme de l'eau dans l'eau, une unicité homogène. La résolution de la voie visionnaire de la radiance. Voir *Retour*.

Essence : Origine, l'essence primordiale au-delà de tous les aspects de ce monde, au-delà de toutes les croyances, de tous les points de vue et de toute expérience, une intelligence lumineuse qui comprend qu'elle ne peut être définie, une pureté primordiale d'intention au-delà d'une

---

[2] Ndt : traduction de l'anglais *Embrace*

Grâce Primordiale

vacuité, spacieuse au-delà des concepts d'espace, potentialité absolue, ni tangible ni intangible et pour autant se manifestant partout.

Cœur : L'héritage inné de la connexion naturelle avec le cœur de tout vivant. Le siège naturel de la connaissance humaine, notre véritable centre de gravité hors de tous les paramètres culturels et les concepts ordinaires. La porte d'entrée vers une connaissance fluide ancrée sans conceptualisation qui est engagée plutôt que séparée, une réceptivité naturelle, une façon d'appréhender et de prendre soin qui nous connecte avec toute la vie. Une vue qui ne peut être réduite ou définie en termes spécifiques et qui peut seulement être ressentie et expérimentée dans l'ouverture de l'accueil.

Graine du cœur : La graine lumineuse de l'unicité demeurant dans votre cœur et activée au travers de la voie visionnaire de la radiance. Siège des visions primordiales, fluidité au-delà des allées et venues, au-delà du temps et de l'espace, un océan infini déjà présent en soi duquel les formes manifestées de lumière vivante se reflètent depuis votre cœur. L'essence demeurant en notre cœur en tant que manifestation lumineuse des formes sacrées.

Radiance intérieure : une expérience plus profonde de la luminosité naturelle du cœur, l'intention de l'essence au sein du cœur qui fleurit et qui s'ouvre au-delà des pensées ou de la description, fluide, en fusion, joie lumineuse, évanescente et pourtant palpable, apparaissant comme tout autre objet et n'importe où, depuis la goutte de rosée brillante sur une feuille au petit matin jusqu'à la lumière de votre propre cœur. Une expérience intensifiée du cœur originel émanant depuis notre cœur comme une lumière à travers le ciel avec une joie innocente.

Cœur Originel : Le véritable ciel de notre cœur, union avec tout vivant, ouverture naturelle et permanente. Une sensation de connaissance ouverte, hors de toute conceptualisation, une ouverture sans frontières, bords ni restrictions d'aucune sorte. Tonalité de l'expérience ressentie et touchée dans le cœur, s'étendant au-delà du soi, une expression au-delà des limitations, un sentiment de liberté naturelle, clarté lucide.

Grâce Primordiale : Le chemin tracé dans notre cœur et la trame du vivant pour fusionner avec l'essence. L'intention sacrée de l'amour divin émergeant du cœur de l'origine. La grande perfection tissée au travers de la trame du vivant offrant toujours un chemin du retour à la maison en et par la radiance naturelle de l'origine lui-même. Les pratiques d'ouverture de cette plénitude sacrée, le chemin spirituel de l'expérience directe, la voie de la Terre, cœur originel, et la pratique visionnaire de la radiance. L'appel en vous et tout autour de vous à suivre le chemin du retour à l'origine.

Radiance : La toile manifestée de la trame du vivant. L'expression dynamique spontanée et continuelle s'épanouissant de l'essence, rayonnant en des myriades d'aspects. La grande compassion. L'intention de l'essence se manifestant pour tous les vivants pour mûrir spirituellement et revenir à l'origine. La totalité de la vision du monde en lequel nous nous trouvons, les rochers, les arbres, les plantes, les eaux, le ciel, la lumière dans chaque cœur, et les visions primordiales de la radiance toutes tissées avec les mêmes brins de lumière vivante, l'intention de l'essence.

Retour : L'accomplissement du chemin primordial qui émane de et retourne à l'essence, comme un cercle est dessiné. La complétude inhérente au chemin depuis le commencement. L'unicité homogène. Le voyage du retour à l'origine s'accomplit au travers de la reconnaissance et de la dissolution finale. Voir *Union*.

Voie visionnaire de la Radiance : Processus dynamique visionnaire des quatre visions de la radiance émergeant de votre cœur et la base même de toute expérience. Le chemin primordial de l'engagement direct avec la radiance de l'essence, permettant aux très belles et compatissantes expressions de la lumière vivante encodées dans votre cœur de vous guider vers la maison jusqu'à la pleine résolution, fusionnant avec l'essence en un tout homogène. La voie de la joie, de la joie primordiale, la pure et créatrice joie de la source présente en tant que chemin depuis le début, s'exprimant directement comme et au travers des visions de la radiance.

Les artistes Robert et Rachel Olds ont passé neuf ans ensemble en retraite spirituelle intégrant une vie en symbiose avec la Terre et les pratiques de la grâce primordiale. Ils arrivèrent au début de leur retraite après des années de quête spirituelle au travers de leur art et des années d'abandon et de simplification de leur vie afin de se connecter plus pleinement avec le monde naturel. Au travers de leurs ouvrages ils partagent leur perspective à partir de leur réalisation de la voie visionnaire de la radiance afin d'encourager la reconnaissance que cette Terre, cette vision que nous appelons vie, est une offrande sacrée.

Ils offrent des enseignements de l'expérience directe au sein du monde naturel pour ouvrir le cœur originel et embrasser l'expression rayonnante que nous appelons vie. Leurs livres incluent : *Luminous Heart of Inner Radiance, Luminous Heart of the Earth, Water Drawn before sunrise, Distance Becomes Sky.*

www.ingramcontent.com/pod-product-compliance
Lightning Source LLC
Chambersburg PA
CBHW031429160426
43195CB00010BB/665